Haike Gleede

Predigten quer durch das Kirchenjahr

Haike Gleede

Predigten quer durch das Kirchenjahr

Fromm Verlag

Impressum / Imprint
Bibliografische Information der Deutschen Nationalbibliothek: Die Deutsche Nationalbibliothek verzeichnet diese Publikation in der Deutschen Nationalbibliografie; detaillierte bibliografische Daten sind im Internet über http://dnb.d-nb.de abrufbar.

Bibliographic information published by the Deutsche Nationalbibliothek: The Deutsche Nationalbibliothek lists this publication in the Deutsche Nationalbibliografie; detailed bibliographic data are available in the Internet at http://dnb.d-nb.de.

Coverbild / Cover image: www.ingimage.com

Verlag / Publisher:
Fromm Verlag
ist ein Imprint der / is a trademark of
OmniScriptum GmbH & Co. KG
Heinrich-Böcking-Str. 6-8, 66121 Saarbrücken, Deutschland / Germany
Email: info@frommverlag.de

Herstellung: siehe letzte Seite /
Printed at: see last page
ISBN: 978-3-8416-0591-7

Inhaltsverzeichnis

Predigten quer durchs Kirchenjahr

von Pastorin Haike Gleede

1. Warten auf Weihnachten (3. Advent) Matthäus 11, 2-6

Noch zehn Tage bis Weihnachten. Nur zehn Tage oder noch zehn Tage?
Weihnachten - Von den einen herbeigesehnt, von den anderen mit Bangen erwartet. Gerade die Kinder können es kaum noch erwarten, weil sie sich die Erfüllung ihrer Wünsche erhoffen. Bei den Erwachsenen ist die Freude zurückhaltender. Für die meisten Menschen läuft Weihnachten immer nach dem gleichen Ritual ab: Kirche-Essen-Bescherung. Die Familie kommt zusammen. Alles ist schön, stimmungsvoll. Die alten Weihnachtslieder rühren an und Kartoffelsalat und Würstchen schmecken am heiligen Abend doch am besten.
Noch zehn Tage Advent – die Zeit des Wartens.
Von einem, der wartet, erzählt auch der Evangelist Matthäus: Johannes der Täufer. Wir kennen ihn gut. Er ist der Namenspatron unserer Kirche. Als Stimme in der Wüste, die zur Umkehr aufruft, bereitet er die Menschen auf Jesus vor.
Johannes hat in seinen Predigten Klartext gesprochen. Er hat Mißstände angeprangert, die Unterdrückung, die Ungerechtigkeit. König Herodes hat ihn verhaften lassen, denn auch ihn hatte Johannes nicht verschont.
Im Gefängnis fängt Johannes an zu grübeln. Er ist enttäuscht. Er hatte sich von Jesu Auftreten etwas anderes erwartet. Wenn er wirklich der Messias ist, hätte sich nicht längst etwas verändern müssen? Warum greift Jesus nicht hart durch? Warum stürzt er die Machthaber nicht und sorgt für Gerechtigkeit? Johannes ist enttäuscht und verwirrt.
Bis jetzt gibt es keine Veränderung außer, dass sich die Priester und die politischen Führer über ihn ärgern. Er zweifelt. Dafür hat er sich so ins Zeug gelegt, sein Leben aufs Spiel gesetzt. Sollte Jesus doch nicht der sein, auf den das Volk schon so lange wartet? Hat er sich geirrt?
Er lässt Jesus eine Nachricht zukommen: „Bist du es, der da kommen soll, oder sollen wir auf einen anderen warten?“

Jesus lässt ihm eine Antwort überbringen und acht ihn auf die Zeichen der Zeit aufmerksam: das Blinde plötzlich wieder sehen können und Lahme laufen, schwer Kranke werden gesund und sogar Tote kehren ins Leben zurück. Und Jesus fügt hinzu, dass selig ist, wer sich nicht an ihm ärgert.

Das ist mal wieder typisch Jesus. Kein einfaches Ja oder Nein. Sondern Sieh genau hin, es geschieht etwas Weltbewegendes, etwas, das alles verändert. Gottes Reich beginnt bei den Schwachen, bei den Armen und Kranken. Es wird wachsen, es wird sich in den Herzen ausbreiten.

Jesus kommt nicht als Richter, der dafür sorgt, dass allen Hören und Sehen vergeht: Er kommt als Retter, der Heilung bringt. Heilung ist ein Prozess, der viel Geduld erfordert.

Jesus wendet sich bewusst den Menschen zu, die am Rande der Gesellschaft stehen. Blinde macht er sehend und stellt Gelähmte wieder auf die eigenen Füße. Aussätzige werden durch seine Berührung rein und können wieder in ihre Familien zurück und sogar Toten gibt er das Leben zurück.

Das alles sind Zeichen für Gottes Gegenwart.

Und doch bleibt alles, wie es war.

Manchmal wünschen wir uns so sehr, dass Gott in das Leben eingreifen möge. Und dann zweifeln wir. Gibt es ihn? Kommt er wirklich zu uns? Kann er mein Leben verändern, heilen, retten? Oft tappen wir im Dunkeln und können Gott nicht finden in all unserer Geschäftigkeit und Sorge. Scheinbar gibt es keinen Unterschied, ob die Menschen nun mit oder ohne Gott leben.

Natürlich gibt es Zeichen für Gottes Gegenwart auch heute!

Ist es nicht wunderbar, wenn Menschen aus der Dunkelheit ins Licht geführt werden, aus der Einsamkeit in die Gemeinschaft zurückfinden? Wenn Kranke neuen Mut schöpfen und Trauernde den Tod eines geliebten Menschen überwinden und sich wieder dem Leben zuwenden?

Gott kommt nicht mit Blitz und Donner vom Himmel und ordnet die Verhältnisse neu. Er schickt seinen Sohn. Er wird als Kind geboren, arm und unscheinbar. Nur ein paar Hirten und drei Fremde nehmen es wahr und erkennen die Bedeutung. Als

erwachsener Mann beginnt er, wofür er gekommen ist. Er verwandelt die Herzen der Menschen.
Angekündigt wird Jesus von Johannes, seinem Cousin, der genau wie er zu dieser Aufgabe auserwählt wurde. Er predigt den Menschen die Umkehr und er tauft sie im Jordan. Dieses Eintauchen ins Wasser symbolisiert die innere Reinigung und einen Neuanfang. Mit dem öffentlichen Auftreten des Täufers beginnt die erste Adventszeit. Zeit der Erwartung und Vorbereitung auf den Sohn Gottes. Und auch wenn der Täufer nichts ahnte von unserer Art, Advent zu feiern, so finden sich doch Parallelen. Wir erwarten Gottes Sohn und bereiten uns darauf vor.
Zehn Tage noch, dann ist es so weit. Dann steht Jesus vor der Tür. Er kommt nicht für einen Kurzbesuch und geht nach den Feiertagen wieder. Er kommt, um zu bleiben. Er setzt sich mit uns an den Tisch und sagt: „Komm, iss mit mir."
Amen.

2. **„Durst?"** (Letzter Sonntag nach Epiphanias) Johannes 4, 5-14

Durst? Kennen Sie das Werbeschild der Getränkemärkte? In großen Buchstaben steht es über dem Eingang. Durst?
Wir leben in einem Land, wo keiner verdursten muss, das Angebot an Getränken ist riesig, wirklich Durst hat wohl keiner. Nicht einmal im heißesten Sommer.
Im Orient ist das anderes, zumal wenn wir uns in die Zeit Jesu zurückversetzen. Da ist Wasser überlebenswichtig.
Jesus und seine Jünger sind unterwegs von Jerusalem nach Galiläa. Dazu müssen die Männer das ganze Land von Süd nach Nord einmal durchqueren, zu Fuß versteht sich. Unterwegs legen sie ab und an mal eine Rast ein.
Ihr Weg führt sie auch durch den Landstrich Samarien. Juden meiden die Samariter und umgekehrt. Sie glauben zwar an denselben Gott, haben sich aber im Laufe der Geschichte mit anderen Völkern und Kulturen vermischt und wurden deshalb vom Judentum ausgegrenzt. Sie wurden für unrein erklärt und dürfen den Tempel in Jerusalem nicht betreten. So entstand ein tiefer Graben zwischen diesen beiden

Gruppen. Kein Jude ließ sich freiwillig mit einem Samariter ein und vermied es überhaupt dieses Gebiet zu betreten.
Jesus scheut sich nicht durch Samarien zu reisen und macht hier sogar Rast. Während seine Jünger losgehen, um etwas zu essen zu besorgen, sitzt er am Brunnen. Es ist gerade Mittagszeit, die Sonne brennt heiß und er ist durstig. Gerade in diesem Moment kommt eine Frau zum Brunnen, um Wasser zu schöpfen. Jesus spricht sie an und bittet sie um Wasser.
Das ist ziemlich frech. Erstens quatscht ein Mann keine Frau auf der Straße an und ein Jude schon gar nicht eine Samariterin.
Die Frau ist nicht um eine Antwort verlegen:
Fast ironisch fragt sie, was ihm denn einfiele, sie, eine samaritische Frau um etwas zu trinken zu bitten. Sie ist empört: Du bist doch ein Jude ? Kennst du unsere Sitten nicht?
Jesus antwortet rätselhaft, dass sie gar nicht wisse, mit wem sie da spricht. Wenn sie es wüsste, würde sie ihn um lebendiges Wasser bitten.
Jetzt ist die Samariterin irritiert. Was will der Fremde? Sie ist eine mutige Frau und sie ist neugierig geworden. So lässt sie sich auf ein Gespräch ein mit diesem geheimnisvollen Mann am Brunnen. Sie macht ihn darauf aufmerksam, dass er doch gar keinen Krug oder Eimer bei sich habe, womit er Wasser aus dem Brunnen schöpfen könne. Und sie beruft sich auf den Stammvater Jakob, die einzige Autorität, der für sie zählt. Jesus antwortet wieder anders als erwartet. Er verspricht Wasser, dass auf ewig den Durst löscht, wenn man es nur einmal gekostet habe. Er spricht von „lebendigem Wasser", von einer Quelle, die in ihr sprudeln wird.
Unser „irdischer Durst", der Durst unseres Körpers und unserer Erde, weist uns hin auf den geistigen und geistlichen Lebensdurst nach einem gelingenden, gesegneten Leben. Dieser Durst kann nur von Gott, dem Schöpfer und Erhalter allen Lebens, gestillt werden.
„Lebendiges Wasser" ist ein Zeichen für Erneuerung und Umkehr. Wasser verbindet uns in der Taufe mit Jesus Christus.
Der Auferstandene ist die Quelle, die in Ewigkeit sprudelt.

Wonach dürstet die Seele?

Jeder Mensch dürstet nach Heil, nach Gesundheit. Aber Heil ist noch mehr – es ist das Streben nach Erfüllung, nach Lebenssinn, nach bedingungsloser Annahme.

Die Sehnsucht, geliebt zu werden, bewegt wohl jeden Menschen, ebenso wie der tiefe Wunsch nach Frieden.

Manchmal habe ich das Gefühl, dass diese Quelle in uns versiegt ist.

Zu viele Steine der Trauer, des Schmerzes und der Enttäuschungen liegen darauf.

Die Kraft kann nicht fließen. Aber die Quelle ist da; sie kann jederzeit aktiviert werden.

Zum Kreuz hat Jesus alles getragen, was uns belastet. Alle unsere Schuld, unser Versagen und unsere Schwächen hat er am Kreuz auf sich genommen.

Jesus bietet uns lebendiges Wasser an. Dieses Wasser verändert uns. Es schenkt Mut und Kraft und weitet unseren Blick.

Die Frau in unserer Geschichte kam an den Brunnen als Wasserträgerin – und ging als Jüngerin Jesu.

Auch wir werden verwandelt durch Gottes Angebot.

Für einen Menschen, der selbst Quelle lebendigen Wassers ist, bedeutet das:

Er ist bereit neue Wege zu gehen und alte festgefahrene Strukturen aufzugeben. So wie Jesus den Graben zwischen Samaritern und Juden überwindet, zwischen Mann und Frau, zwischen fremden Völkern und Religionen.

Wer das lebendige Wasser geschmeckt hat, macht sich auf zu neuen Ufern, sucht neue Begegnungen und ungewöhnliche Lösungen.

Ich wünsche Ihnen, dass Sie diese Quelle in sich entdecken und für sich und andere daraus schöpfen. Amen.

3. **Versuchs doch mal – lass dich nicht versuchen** (Invokavit)

Matthäust 4, 1-11

Die Wüste stellt einen Menschen auf die Probe. Sie ist mehr als ein gewagtes Abenteuer. Sie ist eine Grenzerfahrung.

Im 4. Jahrhundert entstand in Syrien, Palästina und Ägypten eine neue Bewegung: Es gab Menschen, die sich ganz bewusst in die Wüste zurückzogen. Sie nahmen die Entbehrungen der Wüste – die Einsamkeit, die Hitze bei Tag und die Kälte bei Nacht auf sich. Sie fasteten und beteten. Warum haben sie das gemacht? Wollten sie in der Wüste Gott näher sein? Wollten sie in der Wüste frei sein von allen Versuchungen der Welt? Versuchten sie so, Gott nahe zu sein?

Die Antwort ist überraschend. Es ging nicht darum, in der Gott zu begegnen, sondern dem Teufel. Denn da in der Wüste sollte er hausen samt allen Dämonen

Die ersten christlichen Einsiedler stellten sich in der Wüste dem Kampf mit dem Bösen.

Es gibt eine Fülle von Erzählungen über diese Wüstenerfahrungen. Es wurde z. B. erzählt, dass zwei Dämonen einen schlafenden Mönch beobachteten. Einer sagte zu dem anderen: „Geh mal hin und wecke ihn auf; das wird ihn ärgern." Der andere erwiderte: „Das kann ich nicht tun, einmal habe ich ihn aus dem Schlaf gerissen und er verbannte mich, indem er Psalmen sang und betete."

Das große Vorbild für sie war Jesus selbst. Denn Jesus ging in die Wüste, um den Kampf mit dem Teufel aufzunehmen.

Vierzig Tage fastete und betete Jesus in der Wüste. Der Teufel glaubte in ihm ein leichtes Opfer zu haben.

Ein Leichtes wäre es für den Gottessohn, Steine in Brot zu verwandeln.

Das tägliche Brot ist wichtig, natürlich bitten wir darum. Es stillt den Hunger in meinem Magen, aber niemals wird es den Lebenshunger stillen.

Wer vom Leben nicht mehr erwartet als einen vollen Magen und ein warmes Bett , dem mag es vordergründig gut gehen. Doch wenn er in die nächste Krise, in die nächste Wüste gerät, stellt er fest, dass ihm nichts Halt und nichts Orientierung gibt.

Wer steht hinter meinen Leben, begleitet mich und füllt meine innere Leere aus?

Jesus ließ sich nicht vom Versucher beindrucken. Er wußte, worauf es ankommt.

Allein auf Gottes Wort!

Der Teufel machte einen zweiten Versuch, Jesus zu verführen und seine göttliche Macht zu brechen. Er führte ihn auf eine Turmspitze und forderte ihn auf, sich hinunterzustürzen. Gottes Engel werden dich schon auffangen, lockte er.
Viele Menschen glauben an Schutzengel. Sie glauben, dass sie so vor allem Bösen, vor allen Gefahren beschützt werden. Das ist zu kurz gedacht. Gott ist kein Magier, und ein Schutzengel keine wunderbare Art der Lebensversicherung. Gott sendet seine Engel, wenn er es will, nicht wenn wir es darauf anlegen. Wir können Gott nicht beweisen, ihm nichts befehlen. Dann wird er sich uns entziehen. Gott lässt sich nicht benutzen. Er allein hat Macht, auch wenn uns in die Wüste führt. In Wüstenzeiten geraten wir schnell, plötzlich stehen wir in einer Situation, die keinen Ausweg mehr bietet. Der Verlust eines geliebten Menschen, Misserfolg im Beruf, Burnout, enttäuschte Liebe oder eine schwere Krankheit sind dafür mögliche Gründe.
Selbst seinen Sohn hat Gott in die Wüste geführt, hat ihm die Begegnung mit den Abgründen des Bösen nicht erspart. Hat ihm das Leiden nicht abgenommen.
Jesus entlarvte den Versucher und wies ihn in seine Schranken.
Die letzte Versuchung spielte sich auf einem Berg ab. Der Teufel flüsterteJesus ein, ihn anzubeten und lockte ihn mit dem Versprechen, er könne sein wie Gott.
Das ist die älteste Versuchung der Menschheit. Die Schöpfungsgeschichte erzählt, wie die Schlange Adam und Eva damit verführt.
Versuchungen umgeben uns ständig. Sie verführen uns zu etwas, was wir eigentlich nicht wollen. Nicht immer erkennen wir sie rechtzeitig, manchmal erliegen wir ihnen. Sie verführen uns zu kleinen und großen Sünden.
Die Werbung verspricht das sinnliche Abenteuer mit Niveau oder lockt mit dem Motto: „Du bestimmst, was läuft." Mit den richtigen Pillen lässt sich alles erledigen, ohne selbst erledigt zu sein und unser schönstes Ich tritt mit der besonderen Creme hervor. Und das alles, weil wir es uns wert sind.
Wie oft erliegen wir dem Gruppenzwang. Zum Beispiel in der Schule. Alle finden den einen doof. Er ist ein Opfer. Es ist so leicht sich auf die Seite derer zu stellen, die andere runtermachen.

Menschen werden größenwahnsinnig und streben nach Macht - auf Teufel komm raus.

Auch wenn wir so oft nicht widerstehen können:

Gott verlässt uns trotzdem nicht. Darum ist Jesus den Weg gegangen bis zum Kreuz. Damit uns unsre Schwächen vergeben werden.

Es hilft nicht, in solchen Situationen zu argumentieren oder diskutieren: da hilft nur ein klares: „Weg mit dir, der du alles durcheinander wirbelst und uns ins Chaos stürzt, du Diabolos!" - das bedeutet Teufel nämlich.

Wüstenzeiten machen uns empfindlich. Sie bringen uns an unsere Grenzen, und genau dann sind wir empfänglich. Und dann kommt es darauf an, wie wir uns entscheiden, wen wir in unser Herz lassen. Ob wir den Versuchungen nachgeben oder ob wir uns für den Weg mit Gott entscheiden.

Jesus geht gestärkt aus der Wüste hervor, er ist gerüstet für seinen Weg.

Am Ende stellt Gott ihm Engel an die Seite.

Heute ist der erste Sonntag der Passionszeit. Das Motto der diesjährigen Fastenaktion finde ich spannend: „DU BIST SCHÖN! Sieben Wochen ohne runtermachen."

Das ist auch eine Versuchung, der wir oft erliegen: Wir machen uns selbst und unsere Mitmenschen runter. Widerstehen wir doch einfach mal der Versuchung. Amen.

4. **Wie tief kannst du dich bücken**?(Judika) Markus 10, 35-45

Ein Fischer wohnt mit seiner Frau in einer armseligen Hütte. Eines Tages fängt er einen riesigen Fisch, der sprechen kann. Er gibt sich als verwunschener Prinz zu erkennen. Der Fischer verschont den Riesenfisch und wirft ihn zurück ins Wasser.

Zu Hause erzählt er seiner Frau Ilsebill, was er erlebt hat. Daraufhin fragt sie, warum er sich denn nichts gewünscht habe. Ein größeres Haus zum Beispiel. Also geht der Fischer noch einmal zurück und ruft:

„Manntje, Manntje, Timpe Te, Buttje, Buttje in der See, myne Fru de Ilsebill will nich so, as ik wol will." „Wat will se denn?" fragt der Fisch. Der Mann erzählt vom Wunsch seiner Frau. „Geh nur heim, sie hat es schon.", lautet die Antwort. Aber schon bald hat Ilsebill höhere Ansprüche. Immer wieder schickt sie ihren Mann los, um einen noch größeren Wünsche auszusprechen. Auch wenn es ihm widerstrebt, er tut, was seine Frau will. Doch die Wünsche der Frau werden erfüllt: sie bekommt ein Schloss, wird erst König, dann Kaiser und schließlich Papst.

Doch dann verlangt sie wie Gott zu werden. Der Fischer geht zum See. Wohl ist ihm nicht dabei:

Er ruft: "Manntje, Manntje, Timpe Te, Buttje, Buttje in der See, mine Fru, de Ilsebill, will nich so, as ik wol will." "Na, was will sie denn?", fragt der verwunschene Fisch "Ach", sagt er, "sie will werden wie der liebe Gott." "Geh nur hin, sie sitzt schon wieder in der Fischerhütte." Und da sitzen sie noch heute. *(das Märchen vom Fischer und seiner Frau frei nacherzählt)*

Liebe Gemeinde!

Von Reichtum und Ruhm träumen viele Menschen. Aber die meisten erkennen sehr schnell, dass Geld nicht glücklich macht und Macht einsam.

Und doch, der Wunsch schlummert in den Herzen: Wenn ich die Macht hätte .. wenn ich reich wäre, dann ..

Auch die Jünger Jesu lassen sich hinreißen.

Jakobus und Johannes tragen heimlich die Bitte an Jesus heran, dass sie zu seiner Rechten und zu seiner Linken sitzen möchten, wenn er deine Herrschaft angetreten hat. Die anderen bekommen es natürlich doch mit. Es ist verständlich, dass sie ärgerlich reagieren. Jesus bleibt ruhig und weist darauf hin, dass sie nicht wissen, was sie da verlangen. Können sie seinen Kelch trinken, mit seiner Taufe getauft werden? Schließlich hatte Jesus ihnen schon mehrfach angekündigt, dass er leiden und sterben müsse. Jakobus und Johannes sind überzeugt: »Ja, das können wir.«

Jesus räumt ein, dass sie wohl tatsächlich den gleichen Kelch trinken werden wie er. Aber er könne dennoch nicht darüber entscheiden, wer rechts und links neben ihm sitzen wird. Das bestimmt allein Gott.

Das ist für die beiden natürlich bitter.

Jesus stellt für alle klar, dass unter den Jünger andere Verhältnisse herrschen als in der Welt, in der die Mächtigen die Menschen unterdrücken und sie ihre Macht spüren lassen. Er mahnt: Bei euch muss es anders sein!

Genau darum ist Jesus gekommen, genau darum wird er sterben. Damit die Menschen umdenken. Es geht darum einander zu dienen, nicht zu beherrschen.
In einer alten Weisheitsgeschichte wir der Rabbi gefragt, warum die Menschen heute Gott nicht mehr finden. Die Antwort: „Weil sich niemand mehr so tief bücken kann."
Die Frau des Fischers sitzt am Ende wieder in der armen Fischerhütte. Sie wollte sein wie Gott. Gott wurde Mensch unter sehr bescheidenen Verhältnissen, in einem Stall wurde Jesus geboren. Er war obdachlos und wurde am Ende wie ein Verbrecher gekreuzigt. Tiefer kann ein Mensch nicht fallen.
Es war gut und nötig, dass Jesus seine Jünger beiseite nahm und Klartext mit ihnen redete. Sie haben verstanden. Sie stellten sich in den Dienst Jesu und bewegten Vieles in ihrer Zeit, was bis heute nachwirkt.
In der Urgemeinde in Jerusalem war Johannes zusammen mit Petrus die prägende Gestalt. Beide predigten im Tempel und widersprachen unerschrocken den Machthabern. Johannes und Jakobus genossen das Vertrauen der Urgemeinde. Sie wurden zur Stärkung der Gemeinde nach Samaria ausgesandt. Von Jakobus wissen wir, dass er im Jahr 41 im Zuge der Christenverfolgung durch König Herodes Agrippa I. hingerichtet wurde. In Jerusalem steht die Jakobskirche angeblich an der Stelle seines Martyriums.
Gott regiert die Welt nicht von oben aus fernen Himmelssphären. Er ist mitten unter uns lebendig in den Menschen, die bereit sind, anderen zu dienen, zu helfen, für andere etwas zu geben. In Hilfsorganisationen sind Menschen im Einsatz in Krisengebieten, um Menschen zu helfen, die alles verloren haben. Aber auch hier bei uns engagieren sich Ehrenamtliche für Migranten und Flüchtlinge, im Besuchsdienst oder bei der Tafel. Jesus ermutigt uns, unsere Möglichkeiten dort einzusetzen, wo wir Not lindern, wo wir gebraucht werden. Nicht vom himmlischen Thronsaal aus regiert Gott die Welt, sondern durch die Herzen von Menschen.
Warum fällt es den Menschen heute so schwer, Gott zu finden in ihrem Leben?
Weil sich niemand mehr so tief bücken kann oder will. Weil die Frage nach dem, was ich dafür bekomme, alles andere überdeckt.

Die Plätze rechts und links neben Jesus bei seiner Erhöhung am Kreuz aber nahmen zwei Räuber ein. So hat Jesus seine Herrschaft angetreten. Er hat sein Leben hingegeben zum Lösegeld für viele - also auch für uns.
Der eine Verbrecher, der neben ihm gekreuzigt wurde, bittet, dass Jesus an ihn denken möge, wenn er in sein Reich kommt. Und Jesus verheißt ihm, dass er noch heute mit ihm im Paradies sein wird.
Jesus selbst ist das Beispiel der Liebe, die ohne Vorbehalt und ohne Berechnung den Menschen dient. Und er bittet seine Jünger und uns alle: Folgt meinem Beispiel nach, damit das Leben der einzelnen, das Leben der Gemeinde nicht auf Kosten der anderen, sondern zugunsten der anderen geschieht.
Ich weiß, in dieser Welt ist das anders und mancher denkt: das wird sich nie ändern, dass die Starken und Mächtigen über die Schwachen herrschen, sie unterdrücken und jeder nur auf seinen Gewinn bedacht ist.
Das war Jesus auch klar, dass es diese Machtstrukturen gibt.
Darum ist es um so wichtiger, dass es immer wieder Menschen gibt, die bewusst etwas dagegen setzen. Die es wagen, sich so tief zu bücken, dass sie Gott begegnen können.
Menschen, die für sich entscheiden: Ich will mein Amt, meinen Beruf, meine Macht so einsetzen, dass ich mit meinen Begabungen anderen diene:
Der eine tut das mit seiner Weisheit, ein anderer mit seiner Kreativität. Der eine dient, in dem er Positionen klar auf den Punkt bringen kann, der andere in dem er Brücken baut.
Gott dient uns, wir dienen Gott – nicht nur am Sonntag in der Kirche, sondern auch in unserem alltäglichen Tun. Amen.

5. Teil des göttlichen Plans (Karfreitag) Johannes 19

„Gelitten unter Pontius Pilatus, gekreuzigt, gestorben und begraben..."
so heißt es im Glaubensbekenntnis, das wir in jedem Gottesdienst sprechen.
Wir bekennen uns darin zum Leiden und Sterben Christi. Wir erkennen an, dass er wirklich als Mensch diese Grausamkeit ertragen hat, wirklich gestorben ist, nicht nur

symbolisch, nicht nur scheinbar, sondern wirklich in die tiefsten Tiefen der menschlichen Abgründe gestiegen ist.

Am Karfreitag steht der leidende und sterbende Christus im Mittelpunkt unserer Betrachtung. Diesen Teil der Geschichte Jesu blenden viele Menschen gern aus, überhören ihn und gehen gleich zum fröhlichen Teil über. Kaum haben wir das Weihnachtsfest verdaut, lächeln uns schon die Osterhasen aus den Regalen im Supermarkt entgegen. Den Teil dazwischen, den übergehen wir lieber. Aber die Osterfreude kann es ohne den Karfreitag nicht geben. Wir müssen zu Zeugen des Todes Jesu werden, damit wir zu Zeugen seiner Auferstehung werden können. Natürlich sind wir nicht unmittelbar an diesem Geschehen beteiligt, sondern sind angewiesen auf die Berichte der Evangelien. Dort erfahren wir etwas über Pontius Pilatus – welche Rolle spielte er eigentlich in der Passion Jesu? Er war als römischer Statthalter eingesetzt in Judäa und sollte hier für Ruhe und Ordnung sorgen. Er galt als mächtiger Mann, war gefürchtet wegen seiner Grausamkeit und seiner unbarmherzigen Urteile. Ihn wollten sich die Hohepriester zum Verbündeten machen, obwohl ihnen doch sonst die römische Herrschaft im Lande missfiel. Aber als es darum geht, Jesus zu verurteilen, da war ihnen jedes Mittel recht.

Pilatus ließ sich aber nicht so leicht vor einen Karren spannen und prüfte die Angelegenheit genau. Dazu gehörte auch ein Verhör des Angeklagten. Doch Jesus schwieg. Er weist Jesus darauf hin, dass er die Macht habe, ihn zum Tode zu verurteilen. Damit will er ihn zum Reden bringen.

Jesus erwidert, dass der Statthalter nur deshalb die Macht hat, weil sie ihm von Gott gegeben sei.

Pilatus wurde also zum Teil des göttlichen Plans. Er hatte keine Macht über Jesus. Ob er das verstanden hat? Verunsichert war er schon. Geschickt entzog er sich der Verantwortung über den Gefangenen, indem er dem Volk die Entscheidung überließ. Das Urteil war klar: *„Kreuzige ihn!“* rief die aufgehetzte Volksmenge immer wieder. So leicht lassen sich Menschen beeinflussen!

Jesus nahm das Urteil geduldig hin, weil er wusste, dass so Gottes Wille erfüllt würde.

Wer war noch beteiligt am Kreuzestodes Jesu?
Die Soldaten, die das Urteil vollstreckten. Brutal, verletzend und demütigend erfüllten sie ihre Aufgabe.
Um Jesus tat es ihnen nicht leid, er war ihnen nicht zu schade seinen Leib zu schinden und zu zerschlagen. Aber um das Gewand spielten sie, zu schade es zu zerschneiden.
Es gab Menschen, die sehnten sich danach, nur den Saum des Gewandes zu berühren, weil sie glaubten, dadurch geheilt zu werden. Die Soldaten spürten nichts von dieser göttlichen Kraft. Sie ahnten nicht, dass Gottes Liebe hier auf dem Spiel steht. Zu verhärtet war ihr Herz. Doch auch sie erfüllten - ohne es zu wissen - Gottes Willen: Denn genau so wurde es in den alten Schriften prophezeit.
Etwas abseits stand noch eine andere Gruppe unter dem Kreuz. Einige Frauen und ein junger Mann. Tief traurig und hilflos sahen sie zu, wie ihr Freund und Vertrauter qualvoll starb. Sie kannten Jesus gut, er war Teil ihres Lebens. Große Hoffnung hatten sie in ihn gesetzt. Sie verstanden nicht, warum es so weit kommen musste, aber sie blieben bei ihm bis zum Schluss. Sie hofften bis zuletzt.
Und noch am selben Abend wurde er bestattet, denn der Sabbat stand bevor. Seine Familie und die, die ihm nahestanden, kehrten in tiefer Trauer heim. Ungewiss und düster schien ihnen die Zukunft. Sie waren der Meinung, dass damit die Geschichte von Jesus von Nazareth ein trauriges Ende gefunden hat.
Wir wissen, dass es nicht so ist. Unser Glaubensbekenntnis endet nämlich nicht an dieser Stelle, sondern geht weiter:
„Hinabgestiegen in das Reich des Todes, am dritten Tage auferstanden von den Toten; er sitzt zur Rechten Gottes, von dort wird er kommen zu richten die Lebenden und die Toten."
So stehen wir zwar auch betroffen unter dem Kreuz und Jesu Tod rührt uns an, aber doch mit einer anderen Aussicht auf die Zukunft.
Wir wissen, dass dies Teil des göttlichen Heilsplans ist. Eines Planes, in dem auch wir einen Platz haben. Denn auch wir tragen die Botschaft in diese Welt, dass der Tod Jesu nicht vergebens war. Für uns ist er gestorben, für uns ist er auferstanden.

Und darum dürfen wir uns trotz Leid und Trauer, trotz Ungerechtigkeit und Bosheit Gottes Plan anvertrauen. Gottes Liebe ist einfach grenzenlos.
Mit dem Kreuz hat Gott ein ewiges Zeichen gesetzt, das auch nach der Auferstehung bleibt –den einen ein Ärgernis, den andren ein Hoffnungszeichen. So sehr die Menschen das Kreuz auch ignorieren – es bleibt stehen.
Wir betrachten das Kreuz im östlichen Licht, das unsere Herzen erhellt.
Wir sehen nicht nur den Karfreitag, sondern wir sehen das davor und das danach.
Wie das Kreuz sind auch Brot und Wein Zeichen unserer Erlösung. Und immer wieder, wenn wir das Brot des Lebens miteinander teilen und aus dem Kelch des Heils trinken, erinnern wir uns an Jesu letzte Nacht, erinnern wir uns an Karfreitag und Ostern, erinnern wir uns an die Vergebung unserer Schuld und Befreiung von aller Last.
Jeder Tag unseres Lebens, den wir unter Gottes Gnade neu beginnen, ist teuer erkauft durch Gott. Wir können aufatmen und neuen Mut fassen selbst im Angesicht des Todes. Denn dies ist erst der Anfang unserer Geschichte mit Gott. Amen.

6. **Eine klare Botschaft** (Ostersonntag) Johannes 20, 11-18

„Können Sie den Schnee auch nicht mehr sehen?“ „Ach diese Kälte ist einfach unerträglich.“ „Ich sehne mich nach Frühling, nach Wärme und Sonne.“ „Tja, da müssen wir wohl noch warten!“ …
Wie oft haben Sie diesen Dialog in den letzten Wochen geführt? Hat es etwas geändert? Außer dass Sie ein paar Leidensgenossen mehr gefunden haben? So sind wir Menschen- wir kreisen gern um das, was uns leiden schafft und ergehen uns in Selbstmitleid. Eine Zeitlang brauchen wir das auch. Wir vergewissern uns, dass es anderen auch nicht besser geht und haben wieder für eine Runde Leiden Kraft gewonnen. Doch ewig können wir nicht um unser Leid kreisen. Irgendwann muss etwas passieren, das diesen Kreislauf durchbricht und neu Perspektiven eröffnet.
Genau das geschieht Ostern.
Die Überlieferung des Johannes führt uns das vor Augen:

Ostern geschieht zu der Stunde, als die Nacht zum Tag wird. Auf einem Friedhof. Die Gräber erzählen von Tod und Trauer, erinnern an die Endlichkeit des Seins, an die Vergänglichkeit menschlichen Lebens.

In der Morgendämmerung begegnen wir hier Maria Magdalena.

Maria Magdalena - Sie gehört zu den Wenigen, die Jesus folgten von Anfang an. Mit ihm fühlt sie sich in ganz besonderer Weise verbunden. Mit anderen Frauen ist sie ihm gefolgt bis unters Kreuz. Sie ist nicht weggelaufen. Auch als sie Jesus vom Kreuz nahmen und ins Grab legten, war Maria dabei. Und jetzt, im Schutz der Dunkelheit, wenige Stunden nach der Tragödie, sucht sie ihn auf.

Doch als sie ins Grab sieht, ist es leer.

Sie weint und trauert. Sie kann es sich nicht glauben, dass der Leichnam Jesu verschwunden ist. Sie kann es sich nur so erklären, dass jemand ihn weggetragen hat. Durch den Schleier ihrer Tränen schaut sie ins Grab und sieht ein erstaunliches Bild: Zwei Engel in weißen Gewändern sitzen dort, einer am Kopfende und der andere zu den Füßen, wo sie den Leichnam Jesu hingelegt hatten. Die Engel fragen sie, warum sie weine.

In dieser Frage schwingt etwas mit, ein leiser Unterton, als ob es jemand flüstert: Du brauchst doch nicht zu weinen.

Aber Maria ist wie benebelt. Sie nimmt keine Zwischentöne wahr. Sie bemerkt nicht einmal, dass sie mit Engeln spricht. Ihre Trauer zieht sie runter. Sie ist wie blind, sie denkt: Jemand muss den Leichnam Jesu weggetragen haben und sie weiß nicht wohin.

In diesem Moment steht er schon hinter ihr: Jesus, der Auferstandene.

Er stellt dieselbe Frage wie die Engel: Warum sie weint und wen sie sucht.

Maria erkennt weder seine Stimme noch die Intonation seiner Frage. Sie hält Jesus für den Gärtner und trägt ihm ihr Anliegen vor:

Das ist eine ganz menschliche Verhaltensweise. Immer wieder dasselbe denken, keinen anderen Gedanken zulassen. Und dann entsteht so ein Gespräch, das nicht weiterführt, auf der Stelle tritt. ´Warum weinst du? Weil Jesus weg ist.` ´Warum weinst du?‘ Weil Jesus nicht mehr in seinem Grab liegt.` Das ist eine Sackgasse.

Maria ist gefangen in ihrer Trauer und kann keinen klaren Gedanken fassen. Sie weiß nicht, wie es weitergehen soll. Das kann ihr wohl jeder nachfühlen, der schon um einen geliebten Menschen getrauert hat.

Die Gedanken kreisen immer um ein und dasselbe, und es ist schwer diesen Kreislauf aufzubrechen.

Für Maria wird der Bann gebrochen durch ein einziges Wort: „Maria!“ So spricht nur einer ihren Namen aus. Da wendet sie sich um und spricht zu ihm: „Rabbuni!“, das heißt Meister!

Jetzt erst erkennt Maria ihn. Noch begreift sie nicht die ganze Tragweite dessen, was geschieht. Den sie gekreuzigt haben, der lebt, bleibt bei ihr für immer.

Jetzt wacht Maria auf aus ihrer Trauer. Sie dreht sich um und blickt ihm in die Augen. All das Schwere fällt von ihr ab, die Trauer verwandelt sich in Freude. Alles wird auf einmal ganz leicht, wie in einem Traum. Das Leben erscheint plötzlich in einem ganz neuen Licht.

Doch Jesus stellt sofort klar, dass er nicht als Mensch vor ihr steht, sondern als Auferstandener.

Sie darf ihn nicht berühren! Stattdessen gibt er ihr einen Auftrag. Geh sag es meinen Brüdern. Ich fahre auf zum Vater, zu Gott!

Beschwingt mit einer neuen Leichtigkeit des Seins geht Maria zu den Jüngern. Dort berichtet sie klar und deutlich, was sie erlebt hat und was Jesus gesagt hat.

„Maria!“ Dieses eine Wort hat ihre Sinne geklärt. Jesus hat sie bei ihrem Namen gerufen und Maria wusste: Ich bin gemeint. Ich gehöre ihm.

Bei der Taufe wird der Name des Täuflings genannt und er wird mit dem Zeichen des Kreuzes gesegnet: „Du gehörst Christus dem Gekreuzigten und Auferstandenen.“ Die Begegnung der Maria Magdalena mit dem auferstandenen Jesus berührt mich, weil Jesus mich berührt. Ich gehöre ihm, bin seine Jüngerin wie Maria Magdalena.

Sie ist die erste Zeugin der Auferstehung. Die erste Begegnung mit dem Auferstandenen wird von einer Frau verkündet. Dass dies bewahrt wurde, weist darauf hin, dass diese Überlieferung sehr früh geschehen ist. Sonst hätten die Kirchenväter sie sicher längst aus den Schriften verbannt. Aber sie ist geblieben.

Maria Magdalena ist die einzige, die in allen Evangelien als Osterbotin genannt ist. Ihr Name ist heilig. Er hat eine besondere Kraft und Ausstrahlung.
Die Osterbotschaft ist eine Botschaft der Wandlung. Aus Trauer wird Freude, aus Verzweiflung wird Hoffnung, aus unruhigem, verzweifeltem Suchen und Fragen wird eine eindeutige Botschaft: Der Herr ist auferstanden.
Sie kann auch mein Leben verändern.
Kein Schrecken der Gegenwart, keine Angst und keine Sorge können das mehr auslöschen oder verwischen. Wie das strahlende Licht des Morgens die Nacht vertreibt, so klärt die Osterbotschaft meine Sinne und lässt mich einstimmen in den Osterjubel: Der Herr ist auferstanden! Er ist wahrhaftig auferstanden! Amen.

7. **Den Stein ins Rollen bringen** (Ostersonntag) Matthäus 28, 1-10

Welch eine Geschichte präsentiert uns der Evangelist Matthäus! Atemberaubend, spannend und mitreißend. So wirkt sein Bericht vom ersten Ostermorgen.
Was für eine Geschichte: Die ganze Natur gerät aus den Fugen. Der Himmel öffnet sich. Erdbeben erschüttern das Land, Blitze zucken. Menschen werden zu Boden geworfen. Ein Toter steht auf.
Das ist nicht der Anfang eines Gruselfilms, sondern der Beginn der freudigsten Botschaft, die Menschen jemals erfahren haben. Aber auch der schwierigsten, die je weitergesagt wurde.
Aber noch einmal ganz langsam:
Jesus wurde verurteilt und hingerichtet - dafür gab es viele Zeugen. Seine Jünger sind in tiefer Trauer. Da am Sabbat niemand etwas tun darf, wird er eilig noch am Freitagabend in einem Felsengrab bestattet, das mit einem großen Stein verschlossen wird. Maria Magdalena und eine andere Maria wohnen der Bestattung bei, sowie Josef von Arimathäa, der die Grabstätte gestiftet hat. Pilatus lässt zwei Wachen vor dem Grab postieren, für alle Fälle.
Als der Sabbat vorüber ist, beschließen die beiden Marias ganz früh am Morgen, Jesus die letzte Ehre zu erweisen. Ein bisschen unheimlich ist es ihnen schon, als sie

in der Dunkelheit allein zum Grab zu gehen. Aber zu zweit werden sie es schon schaffen.

Zur selben Zeit am Grab: Den Wachen fallen schon vor Müdigkeit die Augen zu. Sie erwarten bereits die Wachablösung am Morgen - nur wenige Stunden noch. Doch plötzlich erbebt die Erde unter ihren Füßen und Blitze durchzucken den Nachthimmel. An mehr können sie sich nicht erinnern, denn sie verlieren das Bewusstsein.

Ein Engel im weißen Gewand - so erzählt es Matthäus- steigt vom Himmel herab und wälzt den Stein vom Grab und setzt sich darauf. So erwartet er die Ankunft der Frauen.

Schon von weitem begrüßt er sie: Habt keine Angst! Ich weiß, warum ihr kommt. Ihr sucht Jesus. Er ist nicht hier; er ist auferstanden. Und wie um ihnen zu beweisen, dass sie nicht träumen, weist er auf das leere Grab hin: Kommt und überzeugt euch selbst. Zitternd nähern sich die Frauen der Höhle und spähen hinein. Tatsächlich, sie ist leer. Und dann gibt er ihnen den Auftrag, den Jüngern zu berichten, dass er auferstanden ist und dass Jesus sie in Galiläa treffen will.

Die Frauen wissen nicht, was sie fühlen sollen: Furcht über diese ungeheuerliche Szene, die sie da erlebt haben oder Freude darüber, dass ihr Herr, Jesus lebt!?

Schnell laufen sie los, bloß weg vom Grab hin zu den Jüngern. Da steht er plötzlich vor ihnen, als ob er die Botschaft des Engels noch einmal bestätigen wollte und grüßt sie. Die beiden Marias glauben ihren Augen nicht zu trauen und fallen vor ihm nieder und umfassen seine Füße. Ja, er ist es. Er steht leibhaftig vor ihnen! Jesus wiederholt noch einmal, was schon der Engel gesagt hat und schickt sie zu den Jüngern. Bald wird er sie in Galiläa treffen.

Schwierig und schön - diese Szene, unheimlich und unvorstellbar, was hier berichtet wird - und doch ist es die Überlieferung, auf den sich unser christlicher Glaube stützt. Jesus Christus hat den Tod überwunden und mit ihm alles, was das Leben belastet: Schuld - Angst - Hass. Die Liebe Gottes hat sich als stärker erwiesen als alle dunklen Mächte.

Dafür steht der Stein in dieser Erzählung. Er spielt bei allen Überlieferungen eine wichtige Rolle. Ein Engel wälzte ihn vom Eingang des Grabes weg. Der Tod ist nicht das Ende. Er trennt die Lebenden nicht mehr von den Toten. Jesus hat die Grenze von Leben und Tod überschritten.

Der Engel setzt sich auf den Stein wie auf einen Thron, als wollte er zeigen: Niemals werde ich zulassen, dass er zurückgewälzt wird. Nichts soll euch mehr von Gottes unergründlicher Liebe trennen.

Wie reagieren die Menschen auf dieses Ereignis?

Die direkten Zeugen, die römischen Wachen können es nicht ertragen, sie fallen um wie tot. Wahrscheinlich war es für sie zu viel, weil sie selbst sich für so stark und mächtig hielten, das sie meinten, nichts könne sie erschüttern.

Und die Frauen? Auch sie sind erschüttert und verwirrt und fürchten sich, aber sie nehmen die Veränderung wahr. Sie sind erfüllt von Hoffnung, weil sie es für möglich halten, dass Gott in das Leben eingreift. Sie haben Angst, ja, aber sie sind gespannt, was weiter geschieht. Sie hören dem Engel zu, sie erkennen Jesus als er ihnen begegnet.

Wie reagieren die Jünger? Einige zweifeln, was erzählen die Frauen denn da?

Auch die Hohepriester erfahren, was in den frühen Morgenstunden geschehen ist. Sie reagieren sofort: Sie bestechen die Soldaten, damit sie sagen, die Jünger hätten den Leichnam Jesu gestohlen.

Und wie reagieren wir auf das Gehörte?

Können wir glauben, dass Jesus auferstanden ist oder zweifeln wir? Fordern wir Beweise? Tun wir die Überlieferung als Legende aus alter Zeit ab?

Oder lassen wir uns ergreifen von der Freude der beiden Marias, dass die Geschichte mit Jesus Christus noch nicht zuende ist und dass Gott etwas Großartiges bereithält für alle, die an die Auferstehung glauben ?!

Amen.

8. Sucht ihn nicht bei den Toten (Ostersonntag) Markus 16,1-8

Die ursprüngliche Fassung des Markusevangeliums endet mit Furcht und Zittern. Die Frauen, die das leere Grab fanden, sind entsetzt. Die Worte des Engels lösen Panik aus. Und sie sagten keinem Menschen, was sie erlebt haben.
Das kann nicht sein. Hätten die Frauen geschwiegen, dann wäre die Botschaft nicht weitergegangen. Aber sie ist weitergegangen und bis zu uns durchgedrungen.
Rekonstruieren wir also:
Sehr früh am Morgen des dritten Tages, machen sich drei Frauen auf den Weg zum Grab Jesu. Es sind Maria Magdalena, Maria die Mutter des Jakobus und Salome. Sie wollen Jesus die letzte Ehre erweisen und seinen Leichnam salben. Sie tragen Salbgefäße mit sich, wohlriechende Öle sind darin; und ein wenig ist das wohl auch Balsam für ihre Seelen.
Die Sonne geht gerade auf, als sie die Grabhöhle erreichen. Schon, dass der schwere Stein vom Eingang zur Höhle nicht mehr an seinem Platz liegt, macht sie stutzig. Sie sind auf das Schlimmste gefasst. Aber was sie jetzt erleben, das haben sie nicht erwartet.
Jesu Leichnam ist nicht mehr da! Statt dessen ein Jüngling in weißem Gewand, der sie anspricht und ihnen verkündet, dass Jesus auferstanden sei:
Das ist eine Nachricht, die die Frauen nicht fassen können. Kein Mensch kann das. Es ist nicht verwunderlich, dass die Frauen entsetzt fliehen und vor lauter Angst niemandem etwas sagen.
Der Auferstehungsglaube braucht Zeit. Maria Magdalena, Salome und die andere Maria brauchen zeitlichen und räumlichen Abstand.
Zwischen Jesu Tod und seiner Auferstehung liegen etwa 36 Stunden. So schnell kann keiner begreifen, was hier vorgeht. Seit 2000 Jahren geht die Botschaft um die Welt, von Mensch zu Mensch, von Generation zu Generation. Und noch immer können wir es nicht wirklich begreifen. Auch wir brauchen Zeit zu verstehen, was zwischen Karfreitag und Ostern geschieht. Unser Verstand kann die Worte aufnehmen, aber kann unser Herz den Sinn begreifen?

Verständlich also, wenn die ersten Zeuginnen des leeren Grabes Jesus sich entsetzt zurückziehen. Ihnen fehlen die Worte für das, was sie gesehen und gehört haben.
„Er ist nicht hier!“ Nicht bei den Toten sondern bei den Lebenden. Geht hin in euren Alltag. Dort werdet ihr ihn sehen. Der Engel schickt sie zurück mit einer Nachricht für die Jünger.
Das Markusevangelium endet nicht mit dem Schweigen der Frauen. 200 Jahre später fügt die urchristliche Gemeinde noch 11 Verse der ursprünglichen Fassung hinzu. Was sie gehört haben von anderen. Wie ihre Urahnen von der Auferstehung erfahren haben. Konkrete Begegnungen werden da erzählt.
Maria Magdalena begegnet ihm. Zwei seiner Jünger auf dem Weg über Land begleitet er. Und schließlich verbringt Jesus als Auferstandener Zeit mit seinen engsten Freunden, den Jüngern. 40 Tage ist er bei ihnen – im vertrauten Kreis. Dann entschwindet er in den Himmel. Wir feiern dies Ereignis 40 Tage nach Ostern an Himmelfahrt.
Und so ging die Botschaft doch weiter. Durch Menschen, die davon erzählten, darüber predigten und miteinander ihren Glauben feierten. So wie wir heute.
Durch Künstler wie Helmut Droll, die ihren Glauben darstellen in Kunstwerken. In Bad Kissingen stehen 12 Kunstwerken entlang eines Waldrandes unter dem Titel „Ausblick“. Die zusammengefügten Edelstahlplatten zeigen die Umrisse eines Körpers. Der Betrachter erkennt darin einen Christus mit erhobenen Armen. Die Enden von Händen und Füßen reichen über die Platten hinaus. Das Kreuz ist nicht geschlossen. Es ist also möglich, durch das Kreuz hindurch zu gehen.
Auch wenn wir Jesus nicht sehen, so ahnen wir doch seine Gegenwart. Durch ihn sehen wir in die Weite.
Sucht ihn in eurem Alltag, an den vertrauten Orten. Geht nur hin, er sagt euch, wie es weitergehen soll.
Gott mutet diese Botschaft den Frauen am leeren Grab zu. Er traut seinen Jüngern zu, Menschen zu begeistern und er traut uns zu dies zu glauben und weiterzugeben.
Ostern heißt Leben, traut euch nach ihm zu fragen und zu suchen. Steht auf und tretet ein für das Leben.

Nehmen wir uns die Zeit, die Auferstehung in uns aufzunehmen. Vielleicht nehmen wir sie wahr in dem zarten Duft einer Rose, in einem Bild oder in den Menschen, die hier neben, vor und hinter uns sitzen, um den Glauben zu feiern.
Vergewissern wir uns gegenseitig mit dem Ostergruß unseres Glaubens: Der Herr ist auferstanden! Und der Antwort: Er ist wahrhaftig auferstanden.
(Zu jemandem gehen und den Ostergruß tauschen).
Amen.

9. Du hast einen Wunsch frei!(Konfirmationspredigt) 1. Könige 3, 1-15

Konfirmation, das ist die Zeit der Wünsche und der Geschenke. Aber es ist auch die Zeit, in die Zukunft zu blicken.
Was möchte ich anfangen in meinem Leben? Was passt zu mir, was macht mich glücklich? Was erträume ich mir?
Habt ihr Wünsche ? Habt ihr Träume?
Ihr Konfirmanden habt Träume und Wünsche, wie ihr euch die Zukunft vorstellt.
So passt, wie ich finde diese Geschichte von König Salomo und seinem Traum gut zum heutigen Anlass:
Salomo ist ein junger Mann, vielleicht so in eurem Alter. Er lebt vor etwa 3000 Jahren. Als Nachfolger seines Vaters David wird er König von Israel. Das ist eine große Aufgabe und eine Herausforderung. Salomo weiß nicht, ob er das schaffen wird. Nicht alle sind damit einverstanden, besonders seine Brüder nicht. Da gibt es Stimmen, die sagen:
„Er ist doch noch viel zu jung!" „Er ist diesem Amt nicht gewachsen!" „Wie kann er so viel Verantwortung tragen?" „Er schafft das nicht! Er wird scheitern!"
König sein - das hat zwei Seiten: Zum einen hat er viele Rechte: er lebt im Palast, besitzt viele schöne Pferde, hat schöne Frauen um sich und wird den ganzen Tag bedient. Auf der anderen Seite hat ein König auch die Verantwortung für ein ganzes Land. Zu seinen Aufgaben gehört es im alten Israel, Recht zu sprechen und für Frieden zu sorgen. Salomo weiß: Ich kann das schaffen – mit Gottes Hilfe.

Als erstes geht Salomo zum Altar am Heiligtum in Gibeon, um sich an Gott zu wenden. Er bringt ein Opfer dar und er betet. Er erzählt Gott, was ihm auf dem Herzen liegt. Er weiß, dass die Menschen große Hoffnung und großes Vertrauen in ihn setzen. Er hat auch Angst und Sorge, ob er das wohl alles schaffen würde.

Salomo wartet auf ein Zeichen von Gott. Im alten Israel glaubt man, zu einem König redet Gott entweder durch Propheten, durch Orakel oder durch Träume.

Tatsächlich begegnet Salomo Gott im Traum. Und Gott sagt: „Du hat einen Wunsch frei: Wünsche dir, was du willst; ich will es dir geben!"

Wenn jetzt einer käme und sagt: Du hast einen Wunsch frei? Was würdest du dir wünschen? Welchen Traum dir erfüllen?

Und was wünscht Salomo sich?

Ein hörendes Herz. Er möchte unterscheiden können, was gut und was böse ist. Ein hörendes Herz, das ihn gerechte Entscheidungen fällen lässt.

Salomo möchte ein Herz, das auf Gottes Weisungen hört, ein Herz, das Gott sucht. Er wünscht sich Gott als Ratgeber im Herzen.

Und Gott erfüllt ihm diesen Wunsch und gibt noch was obendrauf.

Auch das, worum er nicht gebeten hat, bekommt er: Gott schenkt ihm Reichtum und hohes Ansehen und ein langes glückliches Leben.

Salomo gilt als der weiseste unter den Königen. Unter seiner Herrschaft gibt es lange Frieden im Land. Ein prachtvoller Tempel wird gebaut nach Gottes Anweisungen. Die Menschen feiern Gott und singen ihm zu Ehren. Salomo gilt als der Dichter vieler Psalmen, die uns bis heute begleiten und berühren.

Wir spüren: da ist einer ganz nah an Gott.

Liebe Konfirmanden, heute geht es um euch.

Ich denke, ihr steht auch manchmal unter Druck, wie Salomo. Ihr tragt zwar nicht so eine große Verantwortung wie ein König, aber ich vermute ihr habt manchmal das Gefühl, es allen recht machen zu müssen: den Lehrern, den Eltern, den Freunden. Manchmal wisst ihr nicht wie ihr euch entscheiden sollt. Es gibt da so viele Möglichkeiten. Welche ist die beste, die sinnvollste, welche passt zu mir?

Dann hört ihr manchmal auch diese Stimmen: Du kannst das nicht. Du schaffst das nicht. Manchmal sind diese Stimme in euch, manchmal kommen sie auch ganz konkret von außen.

Hört nicht auf sie! Ihr könnt es schaffen – mit Gottes Hilfe.

Es geht um eure Wünsche, um euer Leben und um eure Träume.

Ihr kommt heute zum Altar, um Gottes Segen zu empfangen. Ihr öffnet euer Herz für Gott, sagt: „Ja, mit Gottes Hilfe." Gottes Liebe und Gottes Kraft strömen in euch hinein

Ihr habt heute einen Wunsch frei.

Jesus steht euch zu Seite und eröffnet euch seine Schatzkiste.

Überlegt gut, worum ihr ihn bitten wollt.

Wer mit dem Herzen bei Gott ist und wer Jesus seine Seele öffnet – dem wird alles geschenkt.

Denkt an Salomo: Er wünschte sich ein Herz, das auf Gott hört. Und er bekam Reichtum, Erfolg und ein langes, glückliches Leben dazu.

Ich wünsche euch, dass ihr euren Weg findet, und dass Gott mit euch geht und ihr im Herzen seine Stimme hört. Amen.

10. Meine peinlichen Eltern (Konfirmationspredigt)

Matthäus t 12, 46-50

Liebe Konfirmandinnen und Konfirmanden!

Kennt ihr das – wenn die Eltern sich immer so unnötig über alles Mögliche aufregen? Ihr habt es euch gerade gemütlich gemacht in eurem Zimmer oder auf dem Sofa, wollt ein bisschen chatten mit Freunden oder Youtube-Videos angucken – da geht es schon los. „Mach deine Hausaufgaben, wie sieht dein Zimmer wieder aus. Du könntest auch mal was tun: Räum die Spülmaschine aus, mäh den Rasen …"

Kennt ihr das? Und was sagt ihr dann?

„Jetzt chill mal" – „Reg dich ab" –„ Lass mich in Ruhe" – „Mir doch egal"

Manchmal sind Eltern einfach nur peinlich.

Eine Umfrage hat ergeben, welches die peinlichsten Momente sind:

Das ist die Hitliste der peinlichsten Situation mit Eltern:

Nummer Eins: Wenn Besuch da ist, ins Zimmer zu kommen. Genauso unmöglich: Mit dem Kosenamen „Hase“ rufen oder „Schatz“, wenn andere dabei sind. Nummer Drei: Beim Shoppen reden. Nummer Vier: Hörbar über die Kinder sprechen, zum Beispiel mit der Oma am Telefon.

Nummer fünf: Vor anderen nach der ersten Liebe fragen. „Na, hast du auch einen kleinen Freund?“

Ich fasse zusammen: Nicht über sie reden, nicht mit ihnen weggehen, nicht nachfragen, nicht reinkommen und schon gar nicht mit ihnen tanzen oder in ihrer Gegenwart singen.

Liebe Eltern! Liebe Gemeinde!

Sie können sicher auch so manches erzählen, was Sie zuhause erleben:

Lebt Ihr Sohn/Tochter auch so umweltbewusst, wie es eine Mutter beschreibt:

„Sein Zimmer gleicht einer Müllkippe: ‚Altpapier, Flaschen und Wäsche gut gemischt. Es scheint zu den Bedürfnissen vieler Jugendlicher zu gehören, ihr Zimmer in eine Räuberhöhle zu verwandeln. Alles andere scheint wichtiger als Ordnung und Sauberkeit.“

Das Verhältnis zwischen Eltern und Kindern, die erwachsen werden - das bewegt doch eine Menge Leute.

Dahinter steht die Frage, wo gehöre ich hin, wo ist mein Platz in diesem Leben?

Über Jesus und seine Familie wird folgendes berichtet. Und da war er schon längst erwachsen.

Jesus wuchs in einer Handwerkerfamilie auf. Sein Vater arbeitete als Zimmermann in Nazareth und auch Jesus und seine Brüder erlernten diesen Beruf.

Alles lief ganz normal. Bis Jesus sich aufmachte und durch das Land zog. Mit seiner Taufe im Jordan änderte sich sein Leben. Er nahm kein Blatt vor den Mund und lehrte die Menschen, ganz neu auf Gottes Wort zu hören. Er rief Männer und Frauen in seine Nachfolge. Das hatte es noch nie gegeben. Er warnte und mahnte, segnet und heilte. Und er machte sich Feinde.

Seine Mutter machte sich Sorgen. Was war nur los mit Jesus. Er redete Sachen, die hat noch nie jemand so gesagt. Er machte Sachen, die machte man einfach nicht. Er trieb sich mit merkwürdigen Typen rum und trank und feierte ständig irgendwo. Maria sagte zu seinen Brüdern: „So geht das nicht weiter. So bringt er sich noch ans Kreuz“. Wir müssen etwas unternehmen.
Jesus hatte mal wieder viele Menschen um sich gesammelt. Kranke und Bettler waren auch dabei und einige zwielichtige Gestalten. Das Haus, in dem Jesus gerade predigte, war so überfüllt, dass sie nicht zu ihm durchkamen. Keine Chance. Er hörte ihr Rufen nicht, er reagierte nicht. Einer hörte sie und sagte es Jesus weiter: „Deine Mutter und deine Brüder stehen vor dem Haus und wollen dich sprechen.“
Jesus sagte: „Wer ist das, meine Mutter? Wer sind meine Brüder?“ Er sah seine Zuhörer an und gab selbst die Antwort: „Ihr seid meine Familie. Ihr seid meine Brüder und Schwestern.“
Dass wir uns nicht missverstehen. Jesus sagte nichts dagegen, seine Mutter und seinen Vater zu lieben und zu ehren. Das Gebot der Elternliebe gilt unumstößlich. Jesus sagte auch nichts gegen gute Beziehungen unter Geschwistern.
Jesus freut sich über jede liebevolle, heile Familie. Er macht aber deutlich, dass es noch etwas gibt, was über der Familie steht, etwas, was alle Menschen zu Brüdern und Schwestern macht. Gott ist der Vater im Himmel.
Liebe Konfirmandinnen und Konfirmanden!
Heute bekennt ihr euch zu Gott als eurem Vater und zu Jesus Christus als eurem Bruder.
Ihr sagt „Ja!“ wir wollen zu dieser Familie dazugehören, mit allen Christen weltweit eine Gemeinschaft sein.
Ich weiß, Eltern können manchmal furchtbar peinlich sein. Und öffentlich zu bekennen, dass ich an Gott glaube – auch das kommt euch nicht so leicht über die Lippen.
Aber genau darum geht es heute. Dass ihr zu eurer Entscheidung steht, als Kind, als Sohn/Tochter Gottes euer Leben zu gestalten. Dass ihr sagt, was ihr glaubt, auch wenn andere das stört, auch wenn andere eine andere Meinung haben, vielleicht sogar

über euch lästern oder lachen. Über Jesus wurde auch gelästert. Fresser und Weinsäufer wurde er genannt. Und manche tuschelten über ihn: Seht nur mit welchen Leuten er sich umgibt. Das ist doch peinlich.

Jesus war das nicht peinlich. Ihm ist es auch nicht peinlich, Dich zu kennen, zu lieben und zu sagen: „Du gehörst zu mir. Du bist mein Bruder/Schwester."

Ihm ist das auch nicht peinlich, das zu euren Eltern zu sagen. Er macht uns alle zu einer großen, starken Familie, in der alle zusammenhalten. In einer Familie ist immer einer da, für dich sorgt. In einer Familie gibt es immer jemanden, der dich tröstet. Und wer kennt dich besser als deine Familie?

Seit 2000 Jahren gründen Menschen ihr Leben auf diesen Glauben an Jesus Christus, den Sohn Gottes.

Ihr seid auf dem Weg erwachsen zu werden. Es ist an der Zeit die Peinlichkeit abzulegen.

Ich wünsche euch, dass ihr die Kraft spürt, die Gott euch schenkt.

Ich wünsche euch, dass ihr die Geborgenheit spürt, die eure Familie und die Familie Gottes euch gibt.

Ich wünsche euch, dass ihr die Freiheit habt, ihr selbst zu sein, eure Persönlichkeit zu entwickeln. Und dass ihr den anderen Familienmitgliedern dies vermittelt:

Ich bin für dich da. Ich nehme dich so wie du bist.

Geht selbstbewusst durch das Leben und denkt daran: Gott begleitet euch, kennt euch, eure Geheimnisse und eure Wünsche. Wenn euch jemand helfen kann, eure Träume zu verwirklichen, dann er.

Liebe Eltern!

Khalil Gibran legt uns Eltern ans Herz daran zu denken, dass wir nicht über die Zukunft unserer Kinder bestimmen können. Sie sind nicht „unsere" Kinder, nicht unser Besitz, den wir nach unseren Vorstellungen formen können. Wir dürfen sie lieben und für sie sorgen, solange sie uns brauchen. Aber ihre Seelen leben im Haus von Morgen, das wir niemals betreten werden.

Liebe Gemeinde!

Uns allen wünsche ich, dass wir zu einer großen Familie zusammenwachsen, gemeinsam unseren Glauben feiern und unsere Sehnsüchte vor Gott bringen. Amen.

11. Singen öffnet das Herz und schenkt Freiheit (Kantate)

Apostelgeschichte 16, 23-24

„Kantate" bedeutet „Singt!" Die Psalmen fordern uns auf, Gott zu singen, ein neues Lied anzustimmen zu seinem Lob.
Welche Kraft ein Lied zum Lobe Gottes haben kann und welche befreiende Wirkung, darüber erfahren wir etwas in der Apostelgeschichte.
Paulus und sein Reisegefährte Silas sind unterwegs in Mazedonien, in der Stadt Philippi. Ihre Mission ist erfolgreich. Die Purpurhändlerin Lydia ließ sich mit ihrer Familie taufen und ihr Haus wurde zu einem Zentrum der christlichen Gemeinde. Viele Menschen hören Paulus und Silas zu. Sie erregen Aufsehen in der Stadt und sind Gesprächsthema. Aber es gibt wie überall auch Skeptiker. Die Situation spitzt sich zu als Paulus eine Frau von einem Dämon befreit. Sie war als Wahrsagerin bekannt. Das erregt den Zorn einiger Herren, die mit dieser Frau einen guten Gewinn gemacht hatten. Klar, dass sie auf diese beiden Fremden und ihre Verkündigung nicht gut zu sprechen sind. Sie lassen ihre Beziehungen spielen und die beiden Apostel kurzerhand festnehmen. Paulus und Silas werden ins Gefängnis geworfen und mit Stockschlägen bestraft.
Menschen, die Freiheit predigen und die Wahrheit sagen, sind nicht gern gesehen bei denen, die Macht haben. Sie werden schnell zum Schweigen gebracht. Das sind schlechte Aussichten für die beiden Prediger des Herrn: eingesperrt im Innersten des Gefängnisses, die Füße in einen Block gelegt, die Hände gefesselt und schwer bewacht. Und es wird Nacht. Mitternacht. Um sie herum andere Gefangene, Diebe und Mörder vielleicht. Sehen können sie nichts, aber sie spüren ihre Gegenwart.
Und dann passiert etwas Erstaunliches: Paulus und Silas fangen an zu singen. Mit ihrem Gesang nehmen sie Verbindung auf. Sie hören sich gegenseitig in der Dunkelheit. Und auch die anderen Gefangenen hören zu. Das Lied steigt auf bis zum Himmel. Es ist ein Gebet – und ein Lobgesang.

Vom Verstand her lässt sich das schwer begreifen: Gott lobt man doch nur, wenn es einem gut geht.

Wo aber mitten in der Nacht ein Lied erklingt, da geht etwas auf. Das erschüttert, das lässt die Erde erbeben, bewegt, berührt und verändert Menschen zutiefst. Die Erde bebt – es ist als wolle Gott die Menschen wachrütteln aus ihrem Schlaf der Sicherheit, aus ihrem blinden Gehorsam. Auch der Aufseher im Gefängnis wird wachgerüttelt und sieht mit Schrecken, dass alle Türen offenstehen.

Es lösen sich die Fesseln, öffnen sich Türen und fallen Mauern: Die Gefangenen sind frei. Gefangen ist ein anderer: der Aufseher. Er ist so schockiert, dass er sich schon selbst töten will. Doch Paulus beruhigt ihn und vergewissert ihm, dass alle noch da sind. Niemand hat die Situation ausgenutzt. Und tatsächlich, als der Aufseher mit einer Lampe hineinrennt, stellt er fest, dass niemand entflohen ist.

Angerührt von den Ereignissen dieser Nacht beginnt er zu verstehen, fällt auf die Knie und hat nur noch eine Frage: Wie kann auch ich gerettet werden?

Die Antwort ist einfach und sprudelt nur so aus Paulus heraus:

Vertraue Jesus als deinem Herrn und du und deine Familie sind gerettet.

Seinen Glauben bekräftigt der Aufseher noch am selben Tag, indem er sich und seine ganze Familie taufen lässt. Auch sein Haus wird fortan offen sein für die Christen der Stadt.

Nicht ein verzweifelter Hilfeschrei hat dies bewirkt, sondern der Lobgesang zweier Menschen, die sich Jesus Christus anvertrauen. Wenn Gott etwas mit uns vorhat, dann wird er Wege finden, uns zu befreien.

Wer gerne singt, kann es bestätigen, wie wohltuend und befreiend Singen sein kann.

Auch heutzutage sitzen noch viele Menschen in einem Gefängnis, nicht hinter Gittern und in Ketten aus Eisen. Es ist gebaut aus Steinen der Angst und des Misstrauens.

Manchmal sind es einfach zu viele Regeln, die wir uns selbst auferlegen und die uns fesseln.

Ihren Glauben zu leben, das kostet so viel Überwindung.

Für Paulus und Silas damals war es selbstverständlich, sich an Gott zu wenden in ihrer ausweglosen Situation. Sie hatten so viel Vertrauen, dass sie nicht klagten, sondern Gott lobten. Sie glaubten fest daran, dass Gott alles zum Besten wenden würde.

Ob in fröhlichen, unbeschwerten Zeiten oder in traurigen, schmerzvollen Zeiten – Singen ist immer eine Kraftquelle.

Wenn Gott ganz unsere Herzen erfüllt, dann können wir von seinen Wundern singen, so dass nicht nur wir selbst aus allen äußeren und inneren Zwängen befreit werden, sondern auch andere.

Paulus musste noch öfter ins Gefängnis – den letzten Aufenthalt dort hat er vermutlich nicht überlebt. Die Befreiung liegt darin, Schönes und Schreckliches nebeneinander aushalten zu können. Glückliche Zeiten, die die Weite des Lebens öffnen und leidvolle Zeiten, in denen es uns eng ums Herz wird.

Der Sonntag Kantate erinnert uns an die Kraft der Musik. Von unserem Gesang können wir uns tragen lassen in Gottes Wirklichkeit, die uns immer schon umgibt. Singt unserm Gott ein neues Lied, denn er tut Wunder! Amen.

12. Das Fest der Sehnsucht!(Himmelfahrt)

Apostelgeschichte 1, 3-11

Hey, was steht ihr da herum und starrt Löcher in die Luft!

So wecken zwei Engel die Jünger Jesu aus ihrer Trance. Wie erstarrt blicken sie in den Himmel und können noch nicht glauben, was sie eben erlebt haben. Vor ihren Augen wurde Jesus eingehüllt in Wolken emporgehoben in den Himmel. Wehmütig schauen sie ihm nach. Verständlich nach allem, was sie in den Wochen zuvor erlebt hatten. Seine Kreuzigung, dann die Auferstehung. 40 Tage war er bei ihnen gewesen als Auferstandener, hatte mit ihnen gegessen, getrunken und geredet. Jesus hatte sich seinen Jüngern gezeigt. Sie konnten begreifen, dass er da ist, dass er lebendig ist. Gerade ahnten sie, was in ihren Herzen vorging. Gerade verstanden sie, dass Jesus wirklich lebt – und nun das. Wieder Abschied, wieder Ungewissheit. Was sollte nun geschehen? Wie würde es ohne ihn weitergehen?

Konnte es ohne Jesus eine Zukunft geben? Kann es für uns ohne Jesus eine Zukunft geben?

Zwischen Finanzkrise und Ölpest, Erdbebenkatastrophen und Afghanistankrieg geht wohl so mancher Seufzer gen Himmel. Gott, wo bist du ? Komm doch, hilf doch, greif doch ein!
Ausgerechnet Engel sind es, die den Blick vom Himmel zurück auf die Erde lenken.
In dieser Welt sollt ihr ihm dienen, seine Gegenwart bezeugen.
Die Jünger erinnern sich an Jesu Worte. Die Kraft des Heiligen Geistes verspricht er ihnen und sie sollen von ihm reden in aller Welt.
Doch: Wie sollte ihnen jemals einer glauben, was sie erlebt hatten? Wie könnten sie es jemandem begreiflich machen, der nicht dabei gewesen ist?
Einer steht von den Toten auf. Eine Wolke nimmt ihn weg. Das kann doch keiner glauben, es sei denn, er öffnet sein Herz. Es sei denn, er hört mit Ohren eines Jüngers/ einer Jüngerin.
Geisteskraft verspricht Jesus. Seine Kraft kommt vom Himmel auf die Erde.
Darauf sollen die Jünger warten. Auch das hatte Jesus ihnen gesagt: Wartet bis es so weit ist! Sie vertrauen darauf, dass Gott sein Versprechen hält.
10 Tage müssen sich die Jünger gedulden, bis der versprochene Geist sie erfüllt.
Es ist eine Zeit des Übergangs vom Glauben an den sichtbaren Jesus hin zum Vertrauen auf die unsichtbare, alles durchdringende Kraft Gottes.
Die 10 steht für die Zeit der Vollendung. Menschen brauchen Zeit, um einen Gedanken zu fassen, Zeit ihre Gefühle zu verstehen und zu verarbeiten, Zeit, sich ihres Glaubens bewusst zu werden.
Die Jünger und Jüngerinnen Jesu ziehen sich zurück, um gemeinsam zu beten, zu schweigen, zu warten. Die Zeit des Wartens wird zu einer Zeit der Erwartung.
Und ihr Vertrauen wird nicht enttäuscht. Auf dieses Vertrauen kommt es an.
Ich frage mich manchmal, aus welchem Vertrauen leben wir heute eigentlich?
Wieviel Raum geben wir Gottes Gegenwart in unserem Leben?
Wieviel Zeit und Geduld bringen wir auf, um auf den Geist Gottes zu warten.
Es gibt viel zu tun auf dieser Erde, in unserem Leben hier und jetzt.

Himmelfahrt macht uns aufmerksam darauf, dass wir Verantwortung haben für das Leben auf diesem Planeten. Jede/r an seinem Platz, in seinem alltäglichen Leben. Es nützt nichts, in den Himmel zu starren und darauf zu warten, dass etwas passiert.
Es passiert etwas, aber in uns.
Himmelfahrt ist das Fest zwischen den Zeiten. Zwischen der Zeit als Jesus leibhaftig unter seinen Jüngern weilte und der Zeit als sein Geist sie aktivierte. Himmelfahrt macht uns darauf aufmerksam: Gott ist gegenwärtig. Er wohnt überall. Sein Geist kann uns ergreifen, wenn wir bereit sind, ihn einzulassen.
Dazu bedarf es hin und wieder einer Zeit des Gebetes und des Schweigens.
Gott ist da, wo Menschen sich auf ihn einlassen. So wie wir heute, wenn wir Gottesdienst miteinander feiern. Amen.

13. „Was krieg ich dafür?“ (2. Sonntag n. Trinitatis) 1. Korinther 9, 16-23

„Was krieg ich dafür?“ Das ist eine häufig gestellte Frage. Meine Kinder stellen sie, wenn ich sie bitte, etwas im Haushalt oder im Garten zu tun.
Konfirmanden fragen bei jeder Einladung:
„Kriegt man dafür einen Gottesdienstpunkt?“
„Was hab ich davon?“ fragen viele, wenn sie gebeten werden, etwas für die Gemeinschaft zu tun.
Ist Geiz immer noch so geil und ist es in unserer Gesellschaft wirklich so uncool, freiwillig etwas zu tun.
Auf der anderen Seite gibt es auch immer wieder Menschen, die sich ehrenamtlich engagieren, sich einbringen für andere im Verein, in der Kirche oder für einen guten Zweck.
Aber es werden merklich weniger, die sich freiwillig engagieren.
Der Predigttext führt uns in die Welt des Paulus, ein hochengagierter Apostel.
Zuerst verfolgte er die Christen, die damals als neue und gefährliche Sekte galten.
Doch dann wurde er in einer überwältigenden Erscheinung von Jesus berufen. Er machte aus dem Saulus einen Paulus.

Seither setzte Paulus sich für die Verbreitung der christlichen Botschaft ein. Er reiste durch die Weltgeschichte, verzichtete auf jeglichen Komfort und hörte trotz Krankheit und Schmerzen nicht auf. Er ließ sich verspotten und verjagen, ins Gefängnis werfen und bedrohen, er setzte manches Mal sein Leben aufs Spiel.
Ich könnte mir vorstellen, dass vielleicht einer seiner Freunde ihn fragte:
„Paulus, warum tust du dir das an? Setz dich doch zur Ruhe und genieße dein Leben. Wozu brauchst du diesen Stress, noch dazu ohne dafür jemals bezahlt zu werden?"
Der Apostel Paulus schrieb einen Brief an die Christen in Korinth.
Darin beantwortet er diese Frage. Er beschreibt, dass er gar nicht anders kann als die gute Nachricht zu verkünden. Er erwartet dafür keinen Ruhm. Er tut es freiwillig und er tut es aus Überzeugung.
Paulus kann nicht anders. Er muss einfach predigen. Er verkündet die Botschaft von Jesus Christus, weil es ihm ein Herzensanliegen ist. So sehr hat ihn der Glaube ergriffen, so sehr brennt es in ihm. Er tut es nicht für Lohn. Das würde seine Arbeit schmälern. Er tut es, weil er es will, weil es ihm so wichtig ist, dass er auf vieles andere verzichtet. Er fühlt sich berufen. Allein das ist ihm eine Ehre. Jesus hat ihn, den ehemaligen Christenverfolger für würdig und fähig befunden, das Evangelium unter die Menschen zu bringen. Darauf war Paulus auch ein bisschen stolz.
Ich glaube, dass es auch heute noch solche Berufungen gibt.
Na klar, werden Sie vielleicht sagen: Sie sind doch Pastorin, das ist doch auch eine Berufung.
In der Tat empfinde ich das so. Es ist eine Ehre für diesen Beruf ausgebildet zu sein, ihn ausüben zu dürfen. Allerdings verdiene ich im Gegensatz zu Paulus damit meinen Lebensunterhalt. Manchmal sprechen mich Bekannte an und bedauern mich, weil ich ja jeden Sonntag arbeiten müsse. Ich sage dann immer:
„Sonntags arbeite ich nicht. Sonntags feiere ich Gottesdienst."
Ich verstehe es als besonderes Privileg jeden Sonntag mit der Gemeinde feiern zu dürfen.
Ich denke an diejenigen, die sich ehrenamtlich engagieren. In jedem Dorf, in jedem Verein gibt es eine/n, der/die die Dinge in die Hand nimmt. Eine treibende Kraft,

einen Menschen, der die Gabe besitzt, andere zu begeistern für diese Sache. So entsteht eine rege Gemeinschaft, in die sich auch andere einbringen. Solche Menschen, die mit Herzblut dabei sind und freiwillig für andere sich einsetzen, braucht eine Gesellschaft. Nur so bleiben wir menschlich. Müsste alles bezahlt werden, gäbe es keine Gemeinschaft mehr, kein ungezwungenes Miteinander. Natürlich gibt es immer Unzufriedene, die sich kritisch zu Wort melden. Jeder hat so seine eigenen Vorstellungen und es fällt schwer, sich davon zu lösen.
Paulus hat mit den Menschen so seine Erfahrungen gemacht. Gerade in Korinth lebte eine bunte Völkermischung, die verschiedenen Kulturen angehörten. Juden, Griechen, Römer, Slaven und Freie, Reiche und Arme. Da ist es gar nicht so einfach, die richtigen Worte zu finden und mit den Menschen ins Gespräch zu kommen. Wie konnten die Menschen damals ihm vertrauen, wenn sie so viele andere Erfahrungen machten.
Sie haben das Anliegen von Paulus kritisch hinterfragt:
„Sag mal, was bist du denn für einer? Hier in Korinth gibt es so viele, die uns das Heil predigen. Woher sollen wir wissen, dass du es ernst mit uns meinst?"
In der Tat traten häufig Wanderprediger auf, die sich von den Gemeinden versorgen und feiern ließen: Unterkunft, Nahrung, Kleidung, Geld und Ruhm.
Paulus sagt: „Ich will keinen Lohn. Die Botschaft von Jesus Christus ist eine Botschaft der Freiheit. Ich möchte, dass ihr zuhört und ich bin für euch da."
Nebenbei arbeitete Paulus als Zeltmacher, um seinen Lebensunterhalt zu bestreiten. Er hatte keine hohen Ansprüche. Darum brauchte er nicht viel. Ihm war es eine Freude, wenn er den Menschen ganz nahe sein konnte – mit den Fröhlichen lachen und mit den Traurigen weinen konnte.
Paulus verstand es, die Menschen da abzuholen, wo sie gerade waren. Er hat sich in sie hineingefühlt und sie angehört. Er hat nicht geurteilt, sondern ihnen in ihre Lebenswelt hinein von Jesus erzählt, von seinen Werten, seiner Liebe und seiner Hingabe. Er hat nicht gefordert: Du muss dich ändern. Dein Lebensstil ist falsch. Ich zeig dir wie es richtig geht.

Er hat sich auf die Menschen eingelassen, auf ihr Denken, ihre bisherigen Lebensstrategien, auf ihre Hoffnungen und Ängste, auf ihren Glauben. Und dabei hat er sie auf Gottes Spuren in ihrem Leben aufmerksam gemacht.
Viele haben sich taufen lassen und sich der christlichen Gemeinde angeschlossen. Sie haben erfahren, dass die Christen trotz aller Unterschiede eine starke Gemeinschaft bilden, eine Gemeinschaft, die weit mehr bietet als fröhliche Zusammenkünfte. Sie fühlten sich in ihrer Seele angesprochen und ahnten, dass das Leben mehr ist als wir je mit Geld kaufen können.
Paulus, warum tust du dir das an? Mögen seine Freunde ihn gefragt haben.
Aber der Apostel kann einfach nicht anders. Es ist seine Bestimmung und die Erfüllung seines Lebens, für Jesus Christus unterwegs zu sein und die Botschaft weiterzutragen.
Paulus du machst mir Mut und ich kann dich gut verstehen. Kann es etwas Größeres, Erfüllenderes geben als die Botschaft von Jesus unter die Leute zu bringen, mit ihnen zu lachen, zu weinen, zu feiern und zu schweigen?
Ich denke nicht.
Kann es etwas Wichtigeres geben als eine Gemeinschaft, in der jede/r einen Platz hat, in der das Leben zum Wohle aller gestaltet wird und die Menschen sich gegenseitig bereichern.
Wo nicht die Frage gestellt wird: Was krieg ich dafür, wenn ich mitmache? Das schafft klare Fronten und zerstört jede Beziehung. Wo die Frage ist: Was kann ich einbringen? Was ist meine Berufung? Wo schlägt mein Herz?
Wo Menschen im Namen Gottes zusammen sind, feiern und beten, lachen und weinen, und sich gegenseitig unterstützen, da wohnt Gott mitten unter uns. Daran möchte ich gern mitarbeiten.
Amen.

14. Zwei Brüder – zwei Gärten (3. So n. Trinitatis) Lukas 15, 11-32

Zwei Söhne, die unterschiedlicher nicht sein könnten.

Der eine ist bodenständig und fleißig. Er bewirtschaftet den Hof mit seinem Vater. Eines Tages wird er ihn übernehmen. Er ist darauf bedacht, die Traditionen zu wahren und den Familienbesitz zu erhalten. Einmal wird er dann seinem Sohn den Betrieb vererben.

Der andere ist weltoffen und lebensmutig. Er hat schon einiges gesehen von der Welt. Und er hat seine Lektion gelernt. Er war schon ganz unten angekommen. Aber er hat viel gesehen und erfahren auf seiner Reise. Er ist bereit, Neues zu wagen. Ein Querdenker, der durchaus zu schätzen weiß, was seine Familie aufgebaut hat.

Beide leben auf dem elterlichen Hof und bringen sich auf ihre Weise ein.

Beide legen einen Garten an.

Der Garten des Älteren ist ordentlich angelegt. Die Beete sind klar voneinander getrennt. Er baut Gemüse an wie Zwiebeln, Lauch, Knoblauch, Kichererbsen und Puffbohnen. Und er hat auch einen kleinen Weingarten angepflanzt. Die Weinstöcke stehen in Reih und Glied, genau Richtung Sonne ausgerichtet. Er macht einen guten Wein daraus. Und Rosen züchtet er. Die brauchen viel Pflege. Dafür blühen sie wunderschön.

Feigen, Datteln, und ein Granatapfelbaum dürfen nicht fehlen. Einen kleinen Olivenhain gibt es bei ihm auch. Das Olivenöl ist schmackhaft und wird auch sonst für vieles verwendet.

Zedern und Zypressen umranden seinen Garten ab und schützen vor der heißen Sonne.

Der Jüngere hat als erstes mitten in seinen Garten einen Johannisbrotbaum gepflanzt. Der erinnert ihn daran, wie er sich selbst wiedergefunden hat. Damals als er in der Fremde bei den Schweinen saß, beneidete er die Tiere um ihr Futter: die Schoten des Johannisbrotbaumes. Johannisbrotbaumschoten gelten im Judentum als Symbol für die Rückkehr aus dem babylonischen Exil. Jetzt ahnte er wie sich seine Vorfahren in der Fremde gefühlt haben. Sein Magen knurrte und sein Herz weinte. Da hatte er einen Entschluss gefasst: Heimzukehren. Oft sitzt er im Schatten des Baumes und denkt über sein Leben nach. Um ihn herum blühen die Wiesenblumen in den schönsten Farben: Mohn, Lilien und Krokusse, Hundskamille, Kronwindröschen.

Und die Kräuter duften so wohltuend. Thymian, Dill, Rosmarin, Kreuzkümmel und Koriander verfeinern das Essen und die Minze rankt sich durch alle Beete und steckt hier und da ihren Kopf heraus. Wilde Kräuter wie der syrische Ysop und der Senf runden das Bild ab. Wenn jemand krank wird in der Familie, findet er immer ein Kraut, das Linderung schafft. Maulbeerbäume hat er auch gepflanzt. Im Frühling blüht als erstes das Mandelbäumchen und trägt dann reiche Frucht.

Wir kennen die Vorgeschichte der beiden. Der verlorene Sohn kehrt nach Hause zurück, wohl wissend, dass er seine Rechte als Sohn verspielt hat. Der Vater vergibt ihm und nimmt ihn in allen Ehren wieder als Sohn auf. Schuhe, Ring und Mantel zeugen davon.

Der Vater nimmt ihn auf und schenkt ihm Vergebung und all seine Liebe.

Der ältere Bruder ist nicht begeistert über die Rückkehr des Bruders. Die Bibel lässt es offen, ob die Vermittlungsversuche des Vaters Frucht bringen.

Aber: Die beiden brauchen einander. Hätte der Ältere nicht treu seinem Vater gedient und um den Fortbestand des Hofes gesorgt, hätte der jüngere womöglich kein Zuhause mehr vorgefunden.

Der Ältere braucht die neuen Impulse und Erfahrungen seines jüngeren Bruders. Seinen Mut und seine unkonventionelle Sichtweise ist zukunftsweisend.

Ich gehe davon aus, dass sie beide auf dem Hof des Vaters weitergearbeitet haben, jeder auf seine Weise. Und sie haben sich gut ergänzt und konnten tatsächlich das Gut weitervererben. Sie leben im Gelobten Land. Ihre Aufgabe ist, es zu bewahren und zu bebauen.

Jesus lässt das Ende offen. Die Geschichte ist noch nicht zuende.

Heute sind wird die Erben, leben als Brüder und Schwestern und gestalten das Leben auf der Erde. Und wir legen Gärten an, die etwas über uns erzählen.

Die Geschichte wiederholt sich und verändert sich doch ständig.

Wir leben hier auch in einem gelobten Land. Viele Menschen in dieser Welt träumen davon, sich bei uns eine Existenz aufzubauen.

Wir schöpfen aus dem Vollen, es fehlt uns an nichts. Aber es ist uns bewusst, dass wir die Ressourcen, die uns diese Erde bietet, über viele Jahrzehnte verschwendet

haben und noch verschwenden. Es ist klar, dass es so nicht weitergehen kann. Es ist an der Zeit zurückzukehren, um Vergebung zu bitten und einen neuen Weg einzuschlagen.
Manches ist im Umbruch. Nachhaltigkeit und Energieeinsparung sind dabei die Themen, die uns bewegen, und natürlich der Klimawandel.
Es gibt unterschiedliche Ansätze wie das Land zu bewirtschaften ist. Die Landwirte haben diese verantwortungsvolle Aufgabe übernommen und entwickeln immer neue Ideen, wie sie effektiv wirtschaften können. Und es gibt auch heute die Querdenker und die, die etwas Neues wagen.
Blühstreifen entstehen, wo früher regelmäßig gemäht wurde. Und Kräuter, die man früher als Unkraut aus dem Garten verbannte, haben nun als Wildkräuter wieder einen Platz gefunden. Wer hätte vor 20 Jahren gedacht, dass man aus Giersch und Brennnesseln ein schmackhaftes Essen zubereiten kann? Dass Gänseblümchen essbar sind und Löwenzahngelee eine Kostbarkeit. Aus Beinwellwurzeln kann man eine Salbe herstellen, die gegen Glieder-und Muskelschmerzen hilft. Und Ringelblumensalbe beruhigt gereizte Haut.
Im alten Israel wurden wildwachsende Kräuter, die als Küchen-oder Heilkräuter gesammelt wurden, als Gabe Gottes angesehen.
Ich denke, es ist an der Zeit, dass wir uns nicht nur an den wiederentdeckten Kräutern erfreuen. Es ist an der Zeit, dass wir in uns gehen und uns wieder Gott zuwenden. Wenn einer eine Umkehr bewirken kann, dann er, wenn wir ihn aufrichtig darum bitten.
Gott in der Schöpfung wahrnehmen und die Zeichen des Himmels erkennen – dabei kann auch der Kräutertag helfen.
Amen.

15. Von Gottes Geist bewegt (4. Sonntag nach Trinitatis) Lukas 2, 22-34

Sonntags feiern wir Gottesdienst. Menschen aus unserer Gemeinde und der Region kommen zusammen im Namen Gottes. Sie hören Gottes Wort und bringen in Liedern und Gebeten ihren Glauben zur Sprache. Am Ende gehen sie gesegnet und vielleicht

mit einem neuen Gedanken oder Impuls für ihr Leben nach Hause. Und sie nehmen hoffentlich ein warmes Gefühl im Herzen mit.
Und heute haben wir ein Kind getauft. Kinder haben eine besondere Anziehungskraft. Wenn sie lachen oder weinen, spielen oder etwas brabbeln- dann haben sie unsere ganze Aufmerksamkeit.
Strahlenden Kinderaugen kann keiner widerstehen. Und es ist schön, wenn Kinder da sind, dann erhellen sich die Gemüter und öffnen sich die Herzen.
Heute ist ein besonderer Tag im Kirchenjahr, der 2. Februar. Wir denken an die „Darstellung des Herrn".
Es ist der Tag, an dem Maria und Josef den neugeborenen Jesus zum ersten Mal in den Tempel brachten. Das war damals so üblich. Nach den Vorschriften des Alten Testaments gilt eine Frau 40 Tage nach der Geburt eines Sohnes und 80 Tage nach der Geburt einer Tochter als unrein. Sie muss danach ein Schaf oder eine Taube dem Priester als Reinigungsopfer übergeben. Außerdem bringen die Eltern ihr Kind in den Tempel, um es Gott zu weihen, es Gott zu zeigen, „darzustellen". Sie danken Gott für dieses Kind im Bewusstsein: Wir wissen, dass dieses Kind dir gehört, Gott. Du hast es uns anvertraut.
Am selben Tag, als Maria und Josef mit Jesus in den Tempel gehen, besucht auch ein alter Mann in den Gottesdienst. Sein Name ist Simeon. Gottes Wort kennt er in- und auswendig. Er hat schon viel gesehen. Viel erwartet er nicht mehr vom Leben. Aber einen Traum hat er noch:
Er wartet auf den Messias. Im Gebet hat Gott ihm versprochen, dass er ihn noch sehen wird. An diesem Tag kommt Simeon in den Tempel, weil Gottes Geist ihn dazu bewegt. Und im Gotteshaus sieht er unter den vielen Menschen dieses eine Kind.
Alle anderen sehen nichts, verstehen nichts – eine Familie mit einem Säugling, nichts Aufregendes. So gehen viele durch das Leben und erwarten nichts.
Simeon schaut weiter. Er erkennt in dem Säugling auf Marias Armen den versprochenen Heiland. In diesem Kind leuchtet Gott auf. Er ist das Licht der Welt. Er erkennt ihn, weil es nichts gibt, was seinen Blick verstellt. All die Bilder und

Eindrücke ringsum lenken ihn nicht ab. Er ist mit seinen Gedanken nicht woanders. Er ist ganz da – im gegenwärtigen Moment. Er erkennt ihn sofort.
Glücklich geht Simeon auf das Paar zu und nimmt das Kind in seine Arme: Er betet und dankt Gott für diese Gnade, dass er den Heiland noch zu seinen Lebzeiten sehen durfte. Er weiß, dass Gott Großes mit diesem Kind vorhat.
Ein ergreifendes Bild: ein alter Mensch hält ein neugeborenes in den Armen. Wenn Großeltern oder gar Urgroßeltern ein kleines Kind in den Armen halten, verstehen sich beide ohne Worte und auf geheime Weise. Sie sind weit auseinander und doch ganz nah. Anfang und Ende begegnen sich, Jung und Alt, Himmel und Erde.
Von Jesus wird es später heißen: Er ist das A und das O, der Anfang und das Ende.
Daneben die erstaunten Eltern. Sie spüren, dass hier etwas Außergewöhnliches geschieht.
„Sie wunderten sich“, heißt es im Bibeltext. Das ist wichtig, dass wir noch staunen können. Was, wenn nicht die Geburt eines Kindes, bringt uns zum Staunen? Sie führt uns das Wunder des Lebens vor Augen! Die Eltern haben das Kind bekommen, bei ihnen liegt die Verantwortung. Sie geben dem Kind ein Zuhause, ziehen es groß, schenken ihm Geborgenheit und ihre ganze Liebe. Und in diesem Moment als Simeon das Kind voller innerer Zufriedenheit betrachtet und es segnet, sind sie selbst in ihrem tiefsten Inneren bewegt. Ja, ihr Kind ist etwas Besonderes.
Jedes Kind, das das Licht der Welt erblickt, ist etwas Besonderes, einmalig und von Gott ins Leben gerufen. Diese Botschaft bringen sie mit, die Kleinen. In der Beziehung zu den Eltern und Großeltern entfaltet sich die ganze Tragweite des Lebens.
Gottes Liebe leuchtet auf zwischen den Generationen.
Dieses Licht wahrzunehmen – das bringt Menschen mit Gott in Berührung.
Heute feiern wir das, diese Begegnung. Ganz früher in den ersten Jahrhunderten des Christentums hieß dieser Tag: „Fest der Begegnung“. Die katholische Kirche feiert heute Mariä Lichtmess mit einer Lichterprozession. In der evangelischen Kirche wird diese Begegnung zwischen Jesus und Simeon in den Mittelpunkt gestellt. Dabei spielt auch das Licht eine große Rolle.

Ich wünsche mir, dass wir heute von Gottes Geist bewegt nach Hause gehen. Als gesegnete Gottes tragen wir sein Licht im Herzen.
Es möge unsere Wege erleuchten, unsere Gedanken erhellen und unsre Herzen wärmen. Und er möge uns gute Begegnungen schenken und den Blick für das, was wirklich zählt. Amen.

16. Fröhliche Lebensreise! (6. Sonntag nach Trinitatis)

Apostelgeschichte 8, 26-39

Gehen Sie im Urlaub auch immer in die Kirchen? Für viele Urlauber gehört es einfach dazu, die Kirche am Urlaubsort anzuschauen. Oft gibt es da viel zu entdecken. So ergeht es dem äthiopischen Finanzminister auch, als er Jerusalem besucht. Dort interessiert ihn besonders der Tempel. Ein beeindruckendes Gebäude! Vielleicht hat er sogar einen Gottesdienst miterlebt. Auf jeden Fall ist er sehr berührt. Die für ihn fremde Religion der Juden hat ihn neugierig gemacht. So ersteht er eine Schriftrolle: der Prophet Jesaja, weil er mehr darüber erfahren will. Auf der Rückreise sitzt er in seiner Kutsche und beginnt nach antiker Manier laut zu lesen. Aber der Sinn erschießt sich ihm nicht. Ihm fehlen wichtige Informationen, um den Text verstehen zu können.
Da trifft es sich gut, dass gerade der Philippus am Wegesrand auftaucht.
Zu seinen Aufgaben gehört es, die Christen in Jerusalem zu betreuen. Da schickt der Engel des Herrn ihn an die Straße von Jerusalem nach Gaza.
Dort angekommen rollt auch schon die prächtige Kutsche heran. Darin sitzt der Finanzminister. Philippus hört, wie er liest.
Er ruft dem Vorbeifahrenden zu: „Verstehst du auch, was du da liest."
„Wie sollte ich, wenn es mir niemand erklärt." antwortete der Minister und lädt Philippus ein, mit ihm zu fahren.
Und Philippus erklärt ihm diese Schrift. Der Prophet Jesaja spricht vom Messias, der kommen soll. Er wird für sein Volk leiden und er wird es zum ewigen Leben befreien. Der Apostel bringt es ohne Umschweife auf den Punkt: Von Jesus Christus ist hier die Rede. Der Afrikaner hört gespannt zu und staunt als er erfährt, dass Jesus

gekreuzigt wurde und begraben, wie er am dritten Tage auferstand und seinen Jüngern erschien, wie er seine Jünger beauftragt hat, die Menschen in aller Welt zu taufen. Der Finanzminister ist tief beeindruckt. Er will auch zu dieser Gemeinschaft gehören, die sich zu Jesus Christus bekennt.

Als sie an einem Wasserlauf vorbeikommen, fragt er: „Philippus, gibt es irgendeinen Grund, warum ich nicht getauft werden könnte?" „Wenn du von ganzem Herzen glaubst, so kann es geschehen." lautet die Antwort.

„Ich glaube an Jesus Christus, den Gottes Sohn." antwortet der Minister. Er lässt den Wagen anhalten und der Afrikaner und Philippus steigen ins Wasser und der Finanzminister wird getauft. Für den Getauften ein sehr ergreifendes Erlebnis. Philippus verschwindet vor seinen Augen, aber er setzt seinen Weg als neuer Mensch fröhlich fort.

Er verspürt eine neue Leichtigkeit des Seins und dass, obwohl der Weg noch weit, die Straße staubig und die Gegend öde ist.

Spüren wir dem nach, was den Fremden aus dem fernen Land so verändert hat.

Es fängt an mit der Offenheit, etwas Neues zu erfahren. Der Finanzminister hat eine weite Reise gemacht. War es seine Neugier oder seine Sehnsucht, die ihn in den Tempel führten. Er will mehr verstehen, tiefer eintauchen, Gott näherkommen. Darum liest er in der Schriftrolle. Aber er kann den Sinn nicht erfassen. Da kommt ihm das Angebot des Philippus gerade recht. Er erklärt ihm in einfachen Worten, was es mit dem Glauben auf sich, mit Gott und den Menschen.

Manchmal brauchen wir jemanden, der uns erklärt, was Gott meint. Eltern und Paten versprechen bei der Taufe, ihrem Kind von Gott zu erzählen, es auf den Weg zu bringen mit Gott und sich dabei vom Geist Gottes leiten zu lassen.

Durch Philippus erfährt der Afrikaner etwas über Jesus Christus und seine Verheißung an alle Menschen. Natürlich, jetzt ist alles sonnenklar. Die Taufe ist der Schlüssel zu einem Leben mit Gott und unter seinem Segen. Sie ist das Zeichen für alle, die Jesus Christus folgen wollen.

So lässt er sich taufen, gleich an Ort und Stelle ohne zu zögern. Es ist ihm ein tiefes Bedürfnis. So verändert die Taufe das Leben dieses reichen einflussreichen Mannes.

In der Taufe liegt die größte Zusage Gottes für einen fröhlichen, positiven Lebensweg, selbst wenn er von Schmerz und Leid nicht frei bleibt. Christus verspricht, bei uns zu sein bis an der Welt Ende. Durch die Taufe wird aus einem zufälligen Leben ein von Gott angenommenes besonderes Leben. Ein Leben, das von Gott bestimmt ist und nicht von irgendwelchen anderen Mächten.

Das wünscht sich jeder Mensch- dass eine heilsame Macht das Leben bestimmt und auf die Wege bringt, die Zukunft haben.

Ein Leben voller Sinn und Erfüllung, Segen und Bewahrung.

Was den Finanzminister so fröhlich und zufrieden macht, ist auch: Er hat etwas gelernt. Er hat jetzt Worte für das, was ihn so tief bewegt hat.

Eine Erzählung mit Happy End also. Eine Geschichte von zwei Menschen, die sich nicht zufällig begegnen. Philippus und der Schatzmeister aus Afrika. Was haben diese beiden gemeinsam? Eigentlich nichts – und doch gibt es da etwas, was sie verbindet. Dasselbe, was uns verbindet und was uns heute hier zusammengeführt hat: das tiefe Vertrauen, dass Gott mit uns ist auf unserer Lebensreise.

Ich wünsche Ihnen allen, dass Sie ihre Straße fröhlich ziehen. Amen.

17. Ganzheitliche Heilung (19. Sonntag nach Trinitatis) Markus 2,1–12

Gesundheit ist das wichtigste im Leben. Diesen Satz höre ich oft. Ist das wirklich so? Ist die Gesundheit das höchste Gut?

Natürlich ist es ein hohes Gut und wir tun gut daran, auf unsere Gesundheit zu achten. Jede Krankheit schränkt uns ein und beeinträchtigt die Lebensqualität.

Für mich gibt es einen entscheidenden Unterschied zwischen Gesundheit und Heil.

In der Geschichte von der Heilung des Gelähmten wird dieser Unterschied deutlich.

Tauchen wir nochmal ein in dieses Wunder:

»Seht ihr? – Es klappt eben doch nicht! Das habe ich euch doch schon vorher gesagt! Und deshalb: Bringt mich jetzt bitte wieder nach Hause zurück – bitte! Das hat doch alles keinen Zweck hier!«

Von Anfang an ist er skeptisch, der Gelähmte. Aufgeregt reden seine Freunde auf ihn ein: »Diesen Jesus musst du unbedingt erleben! Wenn dir überhaupt noch einer helfen kann, dann er!"

Die fünf Freunde kennen sich schon von Kindheit an. Dass einer von ihnen gelähmt ist, daran haben sie sich schon gewöhnt. Da kann man nichts machen, damit müssen sie sich abfinden. Sie halten zusammen, tun für ihren Freund, was sie können. Wenn etwas los ist, dann nehmen sie ihn manchmal mit. Jetzt ist wieder etwas los in der kleinen Stadt Kapernaum. Jesus ist da. Er spricht von Gott und er soll Wunder vollbringen. Schon vielen soll er geholfen haben. Die Leute berichten sogar von Wunderheilungen. Den Freunden ist klar: Da müssen wir hin.

Der Gelähmte ist skeptisch. In letzter Zeit hat er es oft abgelehnt, dass sie ihn mitnehmen. Er ist doch nur eine Belastung für sie. Und die Blicke der anderen sind ihm auch nicht entgangen, ebenso ihr Getuschel hinter vorgehaltener Hand.

„Gott hat ihn gestraft! Wer weiß, womit er sich Gottes Zorn aufgeladen hat!"

„Ach, der Arme, er kann einem wirklich Leid tun!"

Ihn macht das traurig. Er hat das Gefühl, dass Gott ihn längst vergessen hat.

Und darum hat er Gott auch vergessen. Er hat die Hoffnung längst aufgegeben, dass Gott ihm helfen könnte.

Und jetzt dieser Vorschlag von seinen Freunden. Er hat wenig Hoffnung. Aber er lässt sie gewähren.

»Sollen sie doch machen! Wenn sie dann endlich Ruhe geben - von mir aus.«

Sein Lebensmotto : »Wer nichts erwartet vom Leben, von anderen Menschen und von Gott – der kann auch nicht enttäuscht werden«.

Und er sieht seinen Vorbehalt bestätigt, als er die vielen Menschen sieht, die sich vor dem Haus drängen. Sie alle wollen zu Jesus. Damit hatte sich das Ganze wohl erledigt.

Überrascht stellt er fest, wozu seine Freunde fähig sind: Sie legen sich um seinetwillen so richtig ins Zeug. Sie tragen ihn über die Außentreppe aufs Dach.

Sie decken das Dach auf und seilen ihn an den vier Enden seiner Matte durch das Loch im Dach ab. Das beeindruckt ihn zutiefst. So wichtig ist ihnen seine Heilung! So viel Vertrauen haben sie!

Und dann liegt er ihm zu Füßen – Jesus, von dem er bisher nur gehört hat. Der schaut ihn an, blickt ihm ins Herz. Ihm ist sofort klar: Wenn einer helfen kann, dann er. Und was tut Jesus? Er vergibt ihm seine Sünden, nennt ihn „mein Sohn".

Hat er richtig gehört? Dir sind deine Sünden vergeben? Keine Handauflegung, keine Heilung – nur Vergebung? Dafür der ganze Aufwand?

Erst jetzt nimmt er die vielen Menschen wahr, die sich versammelt haben. Alle Blicke ruhen auf ihm, manche voller Mitleid, manche voller Abscheu und manche voller Erwartung.

Plötzlich wendet sich Jesus an einige Gesetzeslehrer, die als einzige nicht auf den Kranken, sondern auf Jesus schauen. Sie scheinen ihm nicht wohlgesonnen zu sein. Jesus fragt, was wohl leichter sei, den gelähmten zu heilen oder ihm zu vergeben?

Für die Gesetzeslehrer ist die Zusage der Sündenvergebung empörend! Damit wagt Jesus es, sich in etwas einzumischen, was einzig und allein Gottes Angelegenheit ist: Nämlich die gestörte Beziehung zwischen Gott und Mensch wieder in Ordnung zu bringen!

Genau das ist Jesu Aufgabe: Jesus beweist seine Vollmacht:

Er dreht sich wieder zu dem Gelähmten um und fordert ihn auf, seine Matte zu nehmen und nach Hause zu gehen.

Atemlose Stille erfüllt den Raum. Alle blicken wie gebannt auf den am Boden Liegenden. Der bewegt seine Beine, befühlt sie und steht dann auf. Er kann wieder laufen - er rollt seine Matte zusammen und bahnt sich einen Weg durch die Menge. Jetzt tuschelt keiner mehr. Sie loben Gott, ob dieses Wunders, das sie eben erlebt haben.

Jesus hat es deutlich gezeigt: Er kann heilen <u>und</u> vergeben. Beides gehört untrennbar zusammen. Heilung beginnt in der Seele.

Der Glaube verändert das Leben von Grund auf.

Wenn Jesus die Lähmung deines Herzens heilt, dann wirst du verwandelt, auch wenn deine Knochen lahm bleiben.
Gesundheit ist ein hohes Gut, aber nur wer sich heilen lässt an Geist und Seele, wird ein unbeschwertes Leben führen auch mit Einschränkungen.
Denn das Wort, das dir hilft kannst du dir nicht selber sagen. Gott sagt es dir, meistens durch andere Menschen, die dir in Freundschaft und Liebe zugetan sind.
Amen.

Printed by Books on Demand GmbH, Norderstedt / Germany